ÉTICA

Ética Cristiana

Curso
de Formación
Teológica Evangélica
Volumen X

ÉTICA

Ética Cristiana

Francisco Lacueva

editorial clie

EDITORIAL CLIE
Ferrocarril, 8
08232 VILADECAVALLS (Barcelona)
E-mail: libros@clie.es
http://www.clie.es

ÉTICA CRISTIANA
CURSO DE FORMACIÓN TEOLÓGICA EVANGÉLICA V.10

ISBN: 978-84-7228-176-9

Clasifíquese:
43 TEOLOGÍA: Ética
C.T.C. 01-01-0043-01
Referencia: 220237

INDICE DE MATERIAS

INTRODUCCION   13

PRIMERA PARTE: LOS SISTEMAS ETICOS

Lección 1.ª Noción general de Etica. 1. Definición
2. ¿Por qué es el hombre un ser ético? 3. ¿Existe
para el hombre una Etica meramente natural?
4. Sólo existe una Etica válida, la cristiana. . .   21

Lección 2.ª Sistemas éticos utilitaristas. 1. El epicureísmo. 2. Crítica del epicureísmo. 3. El utilitarismo. 4. Crítica del utilitarismo   26

Lección 3.ª Sistemas éticos idealitas. 1. El intuicionismo. 2. Crítica del intuicionismo. 3. El purismo
moral de Kant. 4. Crítica de la Etica kaitiana . .   31

Lección 4.ª Sistemas éticos dialécticos. 1. La Etica
evolucionista. 2. Crítica de la Etica evolucionista.
3. Etica de Hegel. 4. Crítica de la Etica hegeliana.
5. Etica existencialista o Moral de situación.
6. Crítica de la Etica de situación   36

Lección 5.ª Sistemas éticos trascendentales. 1. Definición. 2. Etica de Platón. 3. Crítica de la
Etica platónica. 4. Etica de Aristóteles. 5. Crítica
de la Etica aristotélica   42

Lección 6.ª Etica teocrática o teológica. 1. Definición. 2. Su relación con las demás éticas. 3. Presupuestos fundamentales de la Etica hebreo-cristiana: A) La naturaleza moral del hombre.
B) La naturaleza de Dios. C) La revelación
divina.   45

SEGUNDA PARTE: ETICA DE LA LEY

*Lección 7.ª Carácter de la Etica del Antiguo Tes-
tamento.* 1. El monoteísmo ético. 2. La voluntad
divina. 3. El pecado humano. 4. La redención
divina. A) El antiguo pacto. B) El nuevo pacto.   53

Lección 8.ª La Ley del Pueblo de Israel. 1. Distin-
tintas acepciones del término "ley". A) La ley
eterna. B) La ley natural. C) La ley científica.
D) La ley positiva. E) La ley divina. 2. El carácter de la torah. 3. Comparación entre la torah
y la ley positiva. 4. El propósito de la torah . .   57

Lección 9.ª El Decálogo. 1. Carácter religioso del
Decálogo. 2. Su orden. 3. La primera tabla.
4. La segunda tabla. 5. Evaluación del Decálogo.
A) Sus puntos fuertes. B) Sus limitaciones . .   62

*Lección 10.ª Enseñanzas éticas de los profetas del
Antiguo Testamento.* 1. Objetivos del ministerio
prefético. 2. El mensaje distintivo de cada profeta. 3. Puntos éticos que destacan en la enseñanza profética. A) La separación de Dios. B) La
injusticia social. C) El juicio divino. D) La
gracia regeneradora   67

TERCERA PARTE: ETICA DEL EVANGELIO

Lección 11.ª La enseñanza ética del Señor Jesucristo (I). 1. Relación entre la Etica de Cristo y la del Antiguo Testamento. A) Su relación con la Ley. B) Su relación con los Profetas. C) Su originalidad. 2. Lugar de la Etica de Cristo en el Evangelio cristiano. 3. Su relación con la enseñanza del Reino de Dios. A') Teoría de la "Etica del ínterin". B') La Etica del Reino futuro. C') La Etica del Reino futuro con validez actual. D') La Etica del Reino de Dios como realidad presente. 4. Enseñanza de Jesús acerca de las recompensas.   75

Lección 12.ª La enseñanza ética del Señor Jesucristo (II). 5. Forma de la enseñanza ética de Jesús. 6. Enseñanza ética positiva de Jesús. A) Mandamientos. B) Ejemplos. C) Consejos. 7. Enseñanza ética negativa de Jesús. A') El desordenado amor a sí mismo. B') Los pecados de la carne. C') Los pecados del espíritu. D') Pecados de tipo religioso   85

Lección 13.ª Principios de ética paulina (I). 1. Características de la ética paulina. A) Más teológica que humanista. B) Más espiritual que legalista. C) Más disciplinada que "ascética". 2. Bases teológicas de la ética paulina. A') El Reino de Dios. B') El Evangelio de la salvación. C') La fe .   93

Lección 14.ª Principios de ética paulina (II). 3. Los motivos de la ética paulina. A) El deseo de complacer a Dios. B) El testimonio del Evangelio. C) La solicitud por el bien de la Iglesia. D) El motivo escatológico. E) Las consecuencias de la desobediencia. 4. Las normas de la ética paulina.

A') La Ley. B') El ejemplo de Cristo. C') La conciencia instruida. 5. Lo natural, lo carnal y lo espiritual. 6. El concepto del mal. A") Pecados sexuales. B") Los excesos. C") Pecados de la lengua. D") El egoísmo. E") Pecados antisociales. 7. El concepto del bien. A'") Las virtudes llamadas "teologales". B'") Otras virtudes. C'") El fruto del Espíritu. D'") Cosas en que el cristiano debe pensar (Flp. 4:8)   99

Lección 15.ª Enseñanza ética de las epístolas llamadas universales. 1. La Epístola de Santiago. A) Es aparentemente judaica. B) En realidad, su enseñanza es cristiana. C) Ofrece un resumen de moralidad cristiana. 2. Las epístolas de Pedro. A') Su base teológica. B') Los motivos éticos. C') Maneras de agradar a Dios. D') Virtudes características en las epístolas de Pedro. E') Etica social. F') Los vicios condenados. 3. La primera epístola de Juan. A") Base doctrinal. B") Las normas de conducta. C" Los vicios que se han de evitar. 4. La epístola a los hebreos. A'") Los pecados condenados. B'") Las virtudes recomendadas. C'") Los motivos éticos   106

CUARTA PARTE: ETICA CRISTIANA SISTEMATICA GENERAL

Lección 16.ª La vida cristiana es un Exodo espiritual. 1. Punto de arranque de la Etica Cristiana. 2. La idea del Exodo en la ética hebreo-cristiana. 3. La constante purificación de nuestra andadura. 4. El aspecto positivo de la santificación . . .   115

Lección 17.ª El carácter santo de Dios 1. Concepto de santidad. 2. La santidad divina, exigencia de

nuestra santidad. 3. Dos clases de santidad.
4. Santificación por la fe. 5. ¿Cómo encontrar
meta y camino de santidad?   122

Lección 18.ª La imagen de Dios en el hombre. 1.
El hombre, creado a imagen de Dios. 2. Deterioro
de la imagen de Dios en el hombre. 3. Dos maneras de perderse. 4. Restauración de la imagen   127

Lección 19.ª Los elementos de la acción ética. 1.
Definición. 2. Análisis del acto moral. 3. La
coloración del acto moral. A) Materia. B) Circunstancias. C) Consecuencias. 4. La motivación.
5. Clases de motivos: A") Motivos dignos; B")
Motivos indignos. 6. ¿Mérito o recompensa? 7.
Hábito y rutina   132

Lección 20.ª La norma del hombre nuevo. 1. Concepto de "norma". A) Constitutiva. B) Preceptiva. C) Declarativa. 2. "No estáis bajo la Ley,
sino bajo la Gracia" (Rom. 6:14)   139

Lección 21.ª La primacía del amor en la Etica Cristiana (I). 1. Cuatro clases de amor para cuatro
clases de vida. A) "Epithymía". B) "Eros". C)
"Philía". D) "Agápe". 2. El amor, brújula de
la vida del hombre. 3. El amor en una Etica
existencial cristiana   146

Lección 22.ª La primacía del amor en la Etica Cristiana (II). 4. El amor, valor radical y eterno.
5. La Regla de Oro. 6. El amor y la "koinonía" .   152

Lección 23.ª El fruto del Espíritu y las obras de la
carne. 1. Interrelación de la fe, el amor y las buenas obras. 2. Nuestra justicia moral es fruto del
Espíritu Santo. 3. ¿Monergismo, sinergismo o
energismo? 4. Se trata de UN SOLO FRUTO.
5. Las obras de la carne   160

QUINTA PARTE: ETICA CRISTIANA SISTEMA-TIZADA PARTICULAR

Lección 24.ª Etica privada o deberes consigo mismo. 1. ¿Puede un cristiano amarse a sí mismo? 2. La consagración total a Dios. 3. Lo bueno y lo malo para el cristiano. 4. Deberes particulares para consigo mismo 171

Lección 25.ª Etica sexual. 1. Sexo y persona. 2. Lo instintivo y lo ético en el sexo. 3. Los pecados sexuales. 4. Motivaciones positivas en la ética sexual 178

Lección 26.ª Etica conyugal. 1. Importancia del tema. 2. Finalidad del matrimonio. 3. Dignidad del matrimonio. 4. Deberes conyugales. 5. Atentados contra la santidad del matrimonio. A) Las relaciones sexuales prematrimoniales. B) El divorcio. C) Los matrimonios mixtos. D) Impedimentos matrimoniales 184

Lección 27.ª Etica familiar. 1. Deberes filiales. A) Obediencia. B) Amor respetuoso. 2. Deberes de los padres: A') Animar y estimular a sus hijos. B') Educar debidamente a los hijos 3. El aborto 195

Lección 28.ª Etica social. 1. El hombre es un ser social. 2. La justicia social. 3. Trabajo y propiedad. 4. Los sistemas económicos a la luz de la Etica cristiana. A) El Capitalismo. B) El Socialismo. 5. ¿Es el Evangelio un manifiesto revolucionario? 6. Deberes sociales de los creyentes. A") Amos y criados. B") El derecho a la propia reputación. C") Integridad y responsabilidad en el desempeño de la propia profesión 202

Lección 29.ª Etica cívica. 1. Las dos ciudadanías del creyente. 2. El Estado. 3. Los sistemas políticos y la Etica cristiana. 4. Iglesia y Estado. 5. Deberes cívicos del creyente 210

Lección 30.ª El compromiso del cristiano en el mundo. 1. El mundo del creyente. 2. "Luz del mundo" y "sal de la tierra". ¿Y "levadura"? 3. Bases teológicas de una ética de compromiso. 4. Problemas de difícil solución a la luz de la Etica Cristiana: A) La guerra. B) La pena de muerte 216

BIBLIOGRAFIA 227

INTRODUCCION

El lector estudioso de los volúmenes que integran este Curso de Formación Teológica Evangélica, extrañará una vez más que la cronología que seguimos en la publicación de dichos volúmenes no se ajuste a la "lógica" sistematización que la lista numerada de la primera página de cada volumen hace entrever. Una vez más, nos saltamos otros títulos y nos disponemos a estudiar el tema del volumen indicado como el X°, es decir, el penúltimo de la serie teológica que venimos publicando.

¿Qué nos ha movido a lanzar ahora a estudiar la ETICA CRISTIANA, dejando para más adelante otros temas lógicamente previos, como son GRANDEZA Y MISERIA DEL HOMBRE, LA PERSONA Y LA OBRA DE JESUCRISTO y DOCTRINAS DE LA GRACIA (con algo tan básico como el tema de la justificación por la fe)?

Las razones personales que me han impulsado a escribir ahora este volumen X son principalmente dos: 1) Acabo de dar un cursillo en Barcelona sobre ETICA CRISTIANA, a petición del Consejo de Ancianos de la Iglesia Evangélica sita en calle Toldrá, 54, a quienes agradezco, entre otras muchas cosas, la oportunidad que me han brindado de estudiar una materia que para mí revestía un extraordinario interés, pero en la que no soy precisamente un experto. La discusión que seguía a cada una de las lecciones me ha servido para clarificar muchas ideas. Hay un proverbio español

que dice: "A hierro caliente, batir de repente"; y no he que-
rido que las ideas que dicho cursillo me ha sugerido, se me
fueran enfriando. 2) El segundo motivo que me ha impulsado
a publicar ahora este volumen ha sido la urgencia *del tema,*
que hoy se palpa en todos los ambientes sensibilizados por los
problemas morales que plantea la moderna sociedad de con-
sumo. Esta urgencia es sentida de un modo especial por los
pastores y escritores evangélicos a quienes constriñe el amor
de Cristo por las ovejas encomendadas a su cuidado. En rea-
lidad, el primer núcleo de estas lecciones lo formaron cuatro
conferencias dadas en el verano de 1973 en Santa Cruz
de Tenerife, en la iglesia evangélica de la FIEIDE que pasto-
rea D. Bernardo Sánchez. Quiero expresar también públi-
camente mi gratitud a dicha iglesia.

¿Pero es que nos hace realmente falta a los evangélicos
un volumen sobre ETICA CRISTIANA? ¿Es que no tenemos
bastante con la Biblia e incluso, apurando más, con el Nuevo
Testamento? ¿No hemos acabado ya con la Ley y con sus
detalladas normas? ¿No es Jesucristo el que vive en el creyen-
te y el que, por medio de su Espíritu, obra en nosotros su
fruto? ¿No es el Amor la única "Ley" del cristiano? ¿No po-
demos suscribir la bien conocida y bella frase de Agustín de
Hipona: "Ama, y haz lo que quieras"?

A todas estas objeciones esperamos dar cumplida respues-
ta a lo largo de estas páginas. Pero permítaseme, ya de entra-
da, una observación general bien fundada en mi propia expe-
riencia privada. Cuando yo salí por primera vez de España
y de una Iglesia que, a la sazón, disponía de una Casuística
Moral completa y minuciosamente cuadriculada, y me encon-
tré en Inglaterra y en un ambiente en el que se insinuaba que
con la Palabra de Dios y la dirección de su Espíritu me bas-
taba para orientarme en la esfera de lo ético, me llegué a
sentir completamente desguarnecido de una normativa que me
ayudase a saber a qué atenerme en multitud de problemas de
índole moral.

Y es que, para saber a qué atenerse en multitud de cir-
cunstancias que nos apremian a decidirnos aquí y ahora *por lo*

que es "la buena voluntad de Dios, agradable y perfecta" *(Rom. 12:1), se necesita una gran madurez espiritual cristiana, basada en una total* consagración *al Señor, con las antenas siempre alerta a las indicaciones de su Espíritu, y en un conocimiento no corriente de esa sabiduría de salvación que proporcionan las Sagradas Letras (cf 2.ª Tim. 3:14-17).*

Ahora bien, ¿cuántos son los evangélicos de habla castellana que disponen del tiempo suficiente (aun suponiendo que no les falten ganas) para adentrarse de lleno en todo el cuerpo de enseñanzas éticas —muchas veces, implícitas—, diseminadas a lo largo de toda la Palabra de Dios según lo demandaban las peculiares circunstancias de tiempo y lugar, puesto que la Biblia no es primordialmente un Credo ni un Código, sino una Historia de la Salvación? Y aun conociendo exhaustivamente, si ello cupiera, todas las enseñanzas éticas de la Sagrada Escritura, ¿dónde encontrar allí alguna indicación clara sobre la licitud o ilicitud de cosas tan importantes, y siempre actuales, tales como el uso de anticonceptivos en el matrimonio, la ejecución de la pena de muerte o el empuñar las armas en caso de guerra "legítima"?

Si se me arguye que basta, para el verdadero creyente, con seguir las indicaciones del Espíritu Santo, replicaré inmediatamente que, aun en el más consagrado de los creyentes, la acción del Espíritu Santo, aun siendo una brújula infinitamente fiable, no garantiza la infalibilidad ni la impecabilidad de ningún ser humano —excepto las del Hombre con mayúscula, que era también el Hijo de Dios—, puesto que todos los demás albergamos todavía en nuestro entendimiento y en nuestro corazón la vieja naturaleza caída, con su "yo" destronado, pero no destruido. Creyentes y líderes evangélicos de la más alta competencia y de la más profunda espiritualidad, piensan a veces (y obran) equivocadamente, en notoria contradicción con lo que el Espíritu de Dios requiere en determinadas circunstancias, creyendo sinceramente que sus ideas, sus planes, sus métodos, sus consejos, sus realizaciones, son un eco de la voluntad de Dios, cuando sólo son producto de una esclerosis mental que no les permite conjugar

*sabiamente la inmutabilidad de los principios con la flexibi-
lidad de los métodos de adaptación a la circunstancia, o son
víctimas más o menos conscientes de la corrosión que en el
carácter de las personas más espirituales produce el instinto
primordial de afirmación de la propia personalidad y que se
manifiesta en el afán de crearse un nombre mediante la constante búsqueda de realizaciones "para la gloria de Dios" o
"para la mayor extensión del Evangelio", en la propensión a
encontrar defectos en los demás y a sufrir celillos por los éxitos
ajenos; los hay inclinados a sentirse siempre víctimas de la incomprensión ajena, sin sacudirse jamás el complejo de persecución. Con todo ello, ni hacen ni dejan hacer; y el demonio
sigue tan contento, viendo lo bien que le resulta su táctica de
atacar por los flancos a los que no puede atacar de frente,
haciendo mella en la eficacia donde no puede mellar la ortodoxia.*

*Y es que la fábula esópica de las dos alforjas se repite
siempre en cada uno de los seres humanos, por muy regenera-
dos que estén. Líderes cristianos, admirables por su competencia y por su espiritualidad, dotados del carisma de interpretación de la Palabra de Dios y de discreción de espíritus,
excelentemente capacitados para hallar la correcta diagnosis
y la adecuada terapéutica de las debilidades ajenas, y que
son incapaces ni siquiera de atisbar los defectos propios que
tanto resaltan a la vista de los demás. De ellos no se han
librado los más grandes hombres de Dios, incluidos los
mayores colosos de la Historia de la Salvación: Abraham,
Moisés, David, Elías, Juan el Bautista, Pablo y Cefas.*

*Si esto sucede en los líderes más consagrados, ¿qué dire-
mos de las comunidades en general, con la gran cantidad de
miembros de iglesia a quienes falta o la debida competencia
bíblica o la necesaria consagración espiritual? ¿no serán presa
fácil, ya de una rigidez farisaica, ya de una cómoda ética de
situación? Para garantizar, en cada circunstancia, una actitud
genuinamente cristiana, se necesitan, como dice J. Grau,
"una armonía y un equilibrio que, precisamente por ser de
Dios, sólo en muy raras ocasiones ha acertado a vivir la Igle-*

*sia en su plenitud. Al corazón humano le es más fácil caer
en alguna de las tentaciones extremas: el antinomianismo o
el legalismo, la superficialidad o la escrupulosidad enfermiza,
el sentimiento moralizante o el puritanismo inflexible y sin
alma.*"[1]

Este libro se ha escrito con el fin de ayudar a los creyentes a formarse unos criterios morales de acuerdo con una
correcta ética de situación bíblica. No podemos esperar que todos compartan algunos de nuestros puntos de vista, pero precisamente por ser conscientes de la falibilidad de nuestra óp-
tica, apreciaremos sumamente cuantas sugerencias se nos
hagan a fin de clarificar conceptos y encontrar, para problemas difíciles, la normativa que más se acerque a la letra y al
espíritu de la Palabra de Dios tomada en su conjunto. Mi
gratitud a cuantos han contribuido con sus preguntas, sus
sugerencias, y hasta con sus desacuerdos, a que este volumen
salga menos imperfecto. Mención especial merece la Sra.
Una Herbage que me ha permitido usar las notas de su *CUR-
SO DE ETICA BIBLICA DE LA E.E.T.B.*, así como una
amplia Bibliografía, y la "Misión Evangélica Bautista en España", bajo cuyos auspicios se publica el presente volumen,
así como los anteriormente publicados de este *CURSO DE
FORMACION TEOLOGICA EVANGELICA.*

---

1. En **Iglesia, Sociedad y Etica cristiana**, por J.M. Martínez y
J. Grau (Barcelona, EEE, 1971, p. 111.

Primera parte

Los sistemas éticos

LECCION 1.ª NOCION GENERAL DE ETICA

1. Definición

Etica, en general, es la ciencia de la conducta. Entendemos por *conducta* la actitud constante (conjunto de acciones conscientes) dirigida hacia un fin. Una ética viene a ser, pues, un código de reglas o principios morales que rigen la conducta, considerando las acciones de los seres humanos con referencia a su justicia o injusticia, a su tendencia al bien o a su tendencia al mal. Es, por tanto, la ética una ciencia *normativa*, porque busca un ideal o norma, según el cual se pueden formular las reglas y leyes de la conducta. Así que una conducta *ética* viene a ser sencillamente una conducta de acuerdo con cierta norma.

A la Etica en general, suele llamársela también *Filosofía Moral*, pues la palabra "moral" procede del vocablo latino "mos" que significa *costumbre en sentido ético* (como cuando decimos: es una persona de malas costumbres), para distinguirla de la *costumbre en sentido jurídico* (como cuando decimos: esta costumbre va a convertirse en ley), a la cual daban los latinos el nombre de "consuetudo".

El término "Etica" viene del griego "ta ethiká" = los asuntos morales, y se deriva de *ethos* = carácter; éste, a su vez, se deriva de *ethos* = costumbre. En efecto, la Etica estudia las costumbres humanas, los principios de sus acciones, y considera lo que constituye lo bueno y lo malo en tales principios y costumbres.

Tomada como disciplina de orden puramente humano, la Etica es una rama de la Filosofía, porque examina e investiga una parte de la experiencia humana, la que concierne a la voluntad responsable y a la conducta moral, y la considera por entero: toda la actividad del hombre, el bien que busca, y el significado de la actividad humana en dicha búsqueda. Estudia las distintas éticas que se han propuesto como verdaderas y, como rama de la Filosofía, tiende a la investigación teórica. En general, más que dar un código de reglas, busca los principios básicos según los cuales cada individuo procura determinar cómo debe actuar en cualquier situación que se le presente en la vida. En épocas más recientes, el énfasis se ha alejado del propósito práctico tradicional. Se ha pretendido establecer la ética como ciencia, comparable con las demás ciencias empíricas, procurando definir objetivamente lo que es "el bien", "la obligación moral", etc. Este aspecto se tratará más adelante.

2.   ¿Por qué es el hombre un ser ético?

A diferencia de los brutos animales, el ser humano está dotado por Dios de una mente capaz de razonar y de un albedrío responsable. El animal nace ya hecho, sigue en su conducta las leyes de la herencia y se adapta por instinto a las situaciones, mientras que el ser humano se va haciendo progresivamente, escogiendo continuamente su futuro de entre un manojo de posibilidades, a golpes de deliberación sobre los valores de los bienes a conseguir, que le sirven de motivación para obrar y le empujan a una decisión en cada momento de la existencia.

Por estar dotado de una mente capaz de razonar y abstraer, el hombre puede prefijarse un fin determinado y tratar de hallar los medios necesarios para conseguirlo. En la vida humana hay siempre una meta y una andadura. Pero el hombre no es un ser autónomo, puesto que es un ser creado y, por tanto, es limitado y relativo. Nada hay absoluto en el hombre. No teniendo dentro de sí mismo la fuente de su propia perfección y felicidad, depende existencialmente del Creador que le ha señalado la meta y el camino. De Dios le ha de venir, por tanto, toda la normativa para su comportamiento ético.

Así no es extraño que toda la trama de la Revelación Especial, supuesta la "caída" existencial del ser humano por la corrupción original del pecado, comporte junto al concepto primordial de "salvación" (liberación de Egipto), una constante andadura, un "éxodo" de peregrinaje por la vida, en dirección a una futura y definitiva "Tierra Prometida". Lugares clave, entre otros muchos, son Juan 14:2-6, Col. 2:6-7 y Heb. 11:13-16.

3. ¿Existe para el hombre una Etica meramente Natural?

Ya de entrada, en esta 1.ª Lección, podemos anticipar que la idea de una Etica Natural o Filosofía Moral, capaz de regir la conducta del ser humano concreto, caído por el pecado, es una utopía heterodoxa, puesto que no está de acuerdo con la experiencia histórica ni con la Palabra de Dios. Después de la caída original, el ser humano está inclinado al mal (es radicalmente *egocéntrico*) y se siente incapacitado para cumplir la Ley de Dios, tendiendo siempre a rebelarse contra ella (cf. Rom. 1:18; 8:7; 1.ª Cor. 2:14).

Esta incapacidad del ser humano caído en el pecado, respecto al bien obrar, quedó bien descrita, con palabras de Agustín de Hipona, en el Concilio IIº de Orange, habido el año 529, canon 22: "De lo que es propio del hombre. Nadie tiene de suyo otra cosa que mentira y pecado. Y si el hombre posee algo de la verdad y de la justicia, le viene de aquella fuente, a la que debemos dirigir nuestra sed en este desierto, a fin de que, como refrigerados por algunas gotas, no desfallezcamos en el camino."[1]

---

1. Denzinger-Schönmetzer, **Enchiridion Symbolorum**... (32.ª ed. y siguientes), n.º 392. Traduzco del original latino.

4. Sólo existe una Etica válida, la cristiana

A la luz del Nuevo Testamento, Cristo está en el centro de la Historia de la Salvación para toda la humanidad, partiendo en dos la Historia (antes y después de Cristo) y la Geografía (a la derecha o a la izquierda de Cristo); de tal forma que el destino definitivo de todo ser humano (su eterna salvación o perdición) depende sola y necesariamente de la siguiente alternativa: CREER O NO CREER, es decir, aceptar o rechazar a Cristo, como único Salvador necesario y suficiente. Toda la conducta, todo el comportamiento ético del ser humano, está ya tipificada como fruto de una de esas dos raíces: fe o incredulidad. Lugares clave son Jn. 3:14-21; Rom. 3:19-31; 2.ª Cor. 5:14-21.

De ahí que la única normativa válida para el ser humano caído no es la que emerge de su propia condición natural (lo que está de acuerdo con la naturaleza humana), sino que le viene de fuera (en este sentido es "sobrenatural"). La genuina ética humana, la única normativa capaz de llevarle a puerto seguro, le viene de la acción del Espíritu de Dios; es fruto de un "nuevo nacimiento", de la regeneración espiritual realizada por el Espíritu Santo (de ordinario, mediante el oír la Palabra de Dios) y de la constante docilidad a los impulsos del mismo Espíritu (cf. Jn. 3:3,5; Rom. 8:14; 12:1-2; Gál. 5:22-23; 1.ª Ped. 1:22-23).

La Etica cristiana está afincada en la vida eterna, en la vida divina; tanto que la vida del cristiano es "participación de la naturaleza divina" (2.ª Ped. 1:4), es decir, de la conducta moral de Dios. De este concepto ético que comporta la participación de la naturaleza divina, arranca toda la temática moral de la Biblia, desde el primer "*seréis santos, porque Yo soy santo*" de Lev. 11:44, hasta el "*todo aquel que tiene esta esperanza en él* (Jesucristo), *se purifica a sí mismo, así como él es puro*". Así es como el Evangelio es verdaderamente doctrina de vida, y la fe es entrega total para recibir la vida y recibirla en plenitud. Toda la Revelación está orientada hacia la **Acción. Por** eso, vemos cómo S. Pablo, en todas sus epístolas, detrás de la parte expositiva, siempre exhorta a la aplicación práctica de las enseñanzas expuestas.

CUESTIONARIO:

1. ¿Qué entendemos por "Etica"? — 2. ¿De qué se ocupa la Etica? — 3. ¿Por qué atañe la Etica al ser humano, no al animal? — 4. ¿Por qué no cabe una Etica meramente natural? — 5. ¿Qué es lo que, en último término, tipifica éticamente la conducta humana? — 6. ¿De dónde arranca el correcto comportamiento ético del hombre? — 7. ¿Es la Revelación una enseñanza puramente teórica?

LECCION 2.ª SISTEMAS ETICOS UTILITARISTAS

Todos los sistemas éticos utilitarios pueden clasificarse bajo el epíteto común de *hedonismo*. La palabra hedonismo proviene del término griego *hedoné,* que significa placer. Aparte del hedonismo psicológico, según el cual el hombre sólo puede buscar su propio placer, o sea, hacer lo que le es ameno, con lo cual se reduce la Etica a un departamento de la psicología, existen dos especies del hedonismo ético: el egoísta, o epicureísmo, y el universalista o utilitarismo. Los dos convienen en que el hombre *debe* buscar el placer; pero, mientras el epicureísmo mantiene que el sumo bien es el placer del individuo, el segundo afirma que el sumo bien es el placer de todos o, al menos, del mayor número de personas.

1. El epicureísmo

Los primeros exponentes del hedonismo egoísta fueron los cirenaicos, que entendieron por placer únicamente los placeres sensuales. Sus descendientes los epicúreos tenían un concepto más noble del placer, manteniendo que hay que distinguir cuidadosamente entre los diversos placeres para poder buscar el mayor.

Epicuro (341-270 a. de J. C.) fue, al parecer, alumno de Pánfilo y de Xenócrates, y ejerció la enseñanza en Mitilene, Lámpsaco y Atenas, donde abrió una escuela en un jardín, a ruegos de sus discípulos. El mismo resume su sistema diciendo: "Cuando decimos que el placer es el fin, no hablamos de los placeres de los hartos, ni de la sensualidad, sino de la ausencia del dolor físico y de la *ataraxía* del alma". El término griego *ataraxía* significa la ausencia de turbación o calma interior. También los estoicos buscaban esta calma interior, pero no mediante la huída del dolor como los epicúreos, sino mediante el aguante del dolor, con la paciencia y la templanza.

Los epicúreos disponían de cuatro criterios para discernir el sumo placer como bien ético:

A) El placer es tanto mejor cuanto más duradero.

B) La intensidad del placer es menos importante que su permanencia y su pureza (como ausencia de dolores y males que le acompañen).

C) Los placeres de la mente son en general superiores a los del cuerpo.

D) El placer puede ser no sólo activo, sino pasivo (ausencia de dolor, y hasta indiferencia al placer y al dolor).

2. Crítica del epicureísmo

(a) El hedonismo egoísta, como hace notar P. H. Nowell-Smith[2], *está basado en una confusión del lenguaje.* Si afirmamos que sólo debemos hacer lo que satisface nuestros deseos, ello equivale a decir que hacemos lo que deseamos hacer. De ahí pasamos a llamar "bueno" todo lo que aprobamos como deseable para nosotros. Quedamos así encerrados en un círculo vicioso en que lo "bueno aprobable" se hace coincidir con el "placer deseable", lo cual dista mucho de ser ético en sí mismo.

(b) *No corresponde a los hechos.* Se reconoce generalmente que es bueno actuar en favor de otros, de manera absoluta, no sólo porque ello nos proporcione placer. Es decir,

---

2. En **Ethics,** cap. 10.

el hombre sabe que el sumo bien no siempre es su propio placer, puesto que, cuando sentimos claramente una obligación moral hacia otra persona, no es el placer propio el motivo determinante de nuestra acción.

(c) *Favorece el mal ajeno.* Ciertas personas encuentran ameno lo que causa dolor a otros; también es amena la venganza, que comporta el mal de nuestros enemigos. Sin embargo, causar dolor a otros es reconocido generalmente como malo, lo cual demuestra la falsedad del hedonismo egoísta.

(d) *Subestima el valor del sacrificio.* Se reconoce generalmente el valor ético que comporta el dar la propia vida en favor de otra persona, aunque tal sacrificio va forzosamente en contra del placer del sujeto. Ello muestra que, según la estimación común, no es una vida *placentera,* sino una vida *justa,* la que conduce al sumo bien del hombre.

(e) *Produce contradicciones,* porque si cada uno busca su propio placer a expensas de los demás, se produce un conflicto inevitable, y entonces hay que preguntarse: ¿por qué ha de ser más importante el placer de uno que el de los demás? En general, se reconoce que el sentido moral está tanto más desarrollado cuanto más dispuesto se está a sacrificar los placeres propios a las necesidades ajenas y al bien común, incluido el del propio individuo. Toda persona con sentido ético considera que es malo procurar el placer propio a expensas del prójimo.

3. El utilitarismo

El utilitarismo defiende que el hombre debe buscar la mayor felicidad del mayor número de personas. Una acción es *buena* cuando las consecuencias son buenas, sin considerar su motivación. Se trata, pues, de una doctrina eminentemente *teleológica* (basada en los propósitos y deseos del hombre, no en valores absolutos), *naturalista* (el bien es definido en términos hedonistas, no éticos) y *objetiva* o *pragmática* (porque se atiene sólo a los resultados).

Fue Jeremías Bentham (1748-1832) quien formuló la doctrina. Se percató de que el problema consistía en valorar el placer, para poder determinar cuál es el placer mayor, y para ello elaboró una lista de criterios:

A) *Certeza*, o sea, la mayor o menor probabilidad del placer resultante de la acción.

B) *Propincuidad*, es decir, el mayor o menor tiempo en que se tardaría en producir el resultado ameno.

C) *Fecundidad*, que consiste en el poder de producir más placer.

D) *Pureza*, o la mayor ausencia posible de dolor.

E) *Intensidad*.

F) *Duración*.

G) *Extensión:* el número de personas que se beneficiarían de la acción.

Mantenía Bentham que los hombres deben ser considerados como iguales en su derecho de obtener el placer; y que el castigo, siendo opuesto al placer, debe regirse únicamente por propósitos reformatorios. Su seguidor J. Stuart Mill (1806 1873) reconoció que algunos placeres son superiores en calidad y que la cantidad no debe ser criterio prevalente. Siguió tropezando con la dificultad de medir el placer, tanto en el aspecto cualitativo como en el cuantitativo. El tercer gran utilitarista fue H. Sidgwick (1838-1900), quien complementó la teoría utilitarista con algunos criterios intuitivos, basados en la hipótesis evolucionista.

4. Crítica del utilitarismo

(a') *Imposibilidad de una aplicación exacta.* Aparte de que esta teoría está expuesta a muchas de las críticas hechas al hedonismo egoísta, y dado que uno de los presupuestos generales del hedonismo es que cada persona busca su propio placer, y por lo tanto, nadie puede ser juez imparcial para determinar el mayor y mejor placer común, cabe la pregunta: ¿cómo puede objetivamente determinarse cuál es la mayor felicidad o placer? ¿qué legislador podrá hacerlo?

(b') *El sentido de la obligación personal.* La imparcialidad en la distribución del placer es un axioma del utilitarismo. Pero todos sentimos que tenemos mayor obligación de procurar el bien de los familiares que el de los extraños. El que da a los pobres todo lo que gana, descuidando las necesidades (aunque no sean tan apremiantes) de sus propios hijos, no merece aprobación.

(c') *Contradice a la justicia.* El criterio universalista convierte las normas morales en normas relativas. Los pobres podrían robar a los ricos; se podría mentir; un pobre no estaría obligado a pagar sus deudas a otro menos pobre, con tal que dicha conducta resultase en el mayor placer de la mayoría de las personas, etc. Tales ideas ofenden nuestro concepto innato de justicia. Igualmente, sería tan lícito castigar al inocente sospechoso como al culpable, ya que el ejemplo resultaría igualmente eficaz para los demás.

En conclusión: El utilitarismo tiene dos puntos fuertes, a saber, que evidentemente el placer es mejor, de suyo, que el dolor, y es un objeto legítimo; y que es sano su énfasis en las consecuencias de la conducta. Pero, por otro lado, es un sistema desequilibrado, ya que pasa por alto la justicia, el deber y la recta motivación.

CUESTIONARIO:

1. ¿A qué damos el nombre de hedonismo y cómo se divide? — 2. Doctrina de Epicuro y criterios epicúreos para discernir el sumo placer. — 3. Crítica del epicureísmo. — 4. El sistema utilitarista. — 5. Criterios del utilitarismo. — 6. Crítica del utilitarismo.

LECCION 3.ª SISTEMAS ETICOS IDEALISTAS

1. El intuicionismo

La doctrina del intuicionismo ha sido formulada de diversas maneras, pero la nota común es que es contraria al hedonismo. Kant observó que, mientras los epicúreos (hedonistas) consideraban que el placer era la única virtud, los estoicos (intuicionistas) consideraban que la virtud es el único placer. Los intuicionistas enseñan que lo importante de la conducta es el *motivo*, el cual ha de ser el deber (motivo deontológico). Para determinar el deber, postulan un sentido moral que nos informa de manera intuitiva, o bien atribuyen esta función a la razón, en caso de que ésta domine en la conducta (estoicos). Los estoicos añadieron además otro principio: que la buena conducta es la que está en armonía con la naturaleza entera, y el mal es lo irracional e inconsecuente. Un ladrón, por ejemplo, ha quebrantado la ley del respeto mutuo de la propiedad de cada uno; ha obrado en contra de sus propios intereses, irracionalmente. Consideraban también que las acciones son en sí mismas, intrínsecamente buenas o malas, sin considerar los resultados ni las consecuencias.

Los principales adeptos de este sistema han sido: (a) los *estoicos,* para quienes el bien supremo consiste en el esfuerzo por alcanzar la virtud; todo lo demás es indiferente, pues la virtud radica totalmente en la intención. Viviendo conforme a la razón y en armonía con la naturaleza, se alcanza la verdadera sabiduría. El sabio no debe rendirse a la pasión, sino abstenerse y permanecer impasible, según el aforismo estoico "sústine et ábstine" = resiste y abstente. Los principales filósofos estoicos fueron Zenón, Cleantes, Crisipo, Séneca, Epicteto y Marco Aurelio. (b) Los intuicionistas ingleses de los siglos XVIII y XIX.[3] (c) Los intuicionistas modernos, notablemente G. E. Moore (1873-1958). Estos consideran la Etica como una ciencia positiva, objetiva, con la posibilidad de descubrir sus leyes como las de las demás ciencias. Admiten que es imposible definir "lo bueno", como lo es también definir "lo amarillo", siendo ambos conceptos fundamentales; pero consideran que tampoco es necesario definirlos, porque así como la vista capta lo amarillo, de semejante manera el sentido moral capta intuitivamente lo bueno.

2. Crítica del intuicionismo

(a) *La falibilidad y variabilidad de la intuición moral.* Basta echar una mirada a las enormes discrepancias entre las normas morales de las diversas sociedades y épocas, para rechazar la infalibilidad de la intuición moral. Aun dentro de una misma sociedad, la variación entre las conciencias individuales desmiente la analogía de Moore con la vista.

(b) *Una ciencia "objetiva" con un criterio subjetivo.* Los intuicionistas modernos pretenden hacer de la Etica una ciencia objetiva por medio del sentido moral, el cual, como se ha visto, es muy subjetivo. Cada uno puede definir "el bien" de acuerdo con lo que él personalmente aprueba.

(c) *Razón y racionalización.* La Psicología ha comprobado que tendemos a racionalizar lo que hacemos (actuamos primero y buscamos las razones después). El que piensa regir su conducta por la razón, puede muy fácilmente engañarse. Tampoco es posible comprobar en todos los casos si una acción mala es o no irracional. Un egoísta puede ser muy racional en la manera que obra para que todo salga a su

---

3. V. Hirschberger, **Historia de la Filosofía,** vol. II, p. 141.

favor. En cuanto al principio estoico de "actuar en armonía con la naturaleza", de nuevo permite una amplia diversidad de interpretación. Finalmente, resulta inconcebible una conducta *racional* de la cual se excluye toda consideración de las consecuencias.

(d) *El valor de las emociones.* El intuicionista descarta por completo las emociones en favor de la razón, mientras que algunas emociones, como el amor, la justa indignación, la misericordia, etc. son fuentes fructíferas de buenas acciones. En general se considera que es mejor cumplir el deber con amor y gozo, que únicamente por fría obligación.

En conclusión: Aunque el sentido de la obligación es muy importante, y el motivo es un elemento esencial de la conducta, en general se admite que las consecuencias también son importantes, y que las emociones, además de la razón, tienen valor en la producción de la buena conducta.

3. El purismo moral de Kant

La Etica kantiana tiene mucho en común con los intuicionistas, aunque la facultad que rige nuestra conducta, según Kant, no es la intuición, sino la "razón práctica" que él distingue de la "razón pura". Pero también él pone el mismo énfasis exclusivo en el motivo ("no hay nada bueno sino una buena voluntad"), en el "imperativo categórico" (el deber por el deber) y no hipotético (considerando las circunstancias). Para determinar el contenido de la ley moral, formuló tres principios, de los cuales los dos primeros son básicos:

A) Las reglas de conducta han de ser universales, como universales son *a priori* las reglas de la Lógica y las de las Matemáticas. La inmoralidad consiste así en buscar excepciones a nuestro favor.

B) Hay que tratar a los hombres como fines en sí, y no como medios.

4. Crítica de la Etica kantiana

(a') *El deber como único motivo.* Kant presupone que todo otro motivo que no sea el deber por el deber, es impulsivo y egoísta, lo cual no es verdad. P. H. Nowell-Smith[4] compara la relación entre el sentido de obligación y las demás virtudes, con la relación que existe entre el dinero y las mercancías. Un hombre concienzudo hace todo lo que hace un hombre virtuoso (por ej. es benévolo, fiel, buen hijo, etc.) igual que el dinero es canjeable por todas las mercancías. Pero decir que el deber es el único motivo válido equivale a decir que lo único que vale es el dinero, y no las mercancías.

(b') *Es demasiado riguroso.* Las normas kantianas son tan absolutas, que no admiten excepciones. Y ¿qué pasa cuando entran en conflicto dos principios absolutos? (por ej. cuando el insistir en decir la verdad tendría por resultado la destrucción de una vida). En estos casos, las consecuencias tienen que entrar en consideración.

(c') *Fallan los principios del universalismo.* Por ejemplo:

1. Es posible pensar que todos podrían hacer lo que nosotros queremos hacer, y equivocarnos todos, como sería el caso de una persona que crea que la poligamia es buena. Considerar bueno para todos lo que nosotros aprobamos, es un criterio totalmente subjetivo.

2. Hay ciertas acciones que son buenas para unos, y no para otros (por ej. el contraer matrimonio).

3. ¿Qué puede decidir si una relga ha de tomarse como norma universal, si no son sus *consecuencias* para la sociedad?

(d') *El puro deber es insuficiente.* Si las personas han de ser tratadas como fines, ¿qué significa esto? Presupone algún conocimiento de lo que es el fin del hombre; pero en este caso se necesita saber más que lo que proporciona el principio del "deber por el deber".

---

4. **O. c.**, p. 258.

CUESTIONARIO:

1. ¿Cuál es, en general, la doctrina ética del intuicionismo? —
2. Clases de intuicionismo. — 3. Crítica del intuicionismo —
4. El purismo moral de Kant. — 5. Crítica de la Etica
kantiana.

LECCION 4.ª SISTEMAS ETICOS DIALECTICOS

1. La Etica evolucionista

Darwin sugirió que la teoría evolucionista se podría aplicar a la vida humana, incluso a la Psicología, como ya lo estaba haciendo Herbert Spencer[5]. Spencer fue quien formuló la teoría de una Etica en conformidad con la evolución biológica. Tuvo mucho éxito en el siglo pasado, pero esta teoría está hoy reconocida generalmente como inadecuada.

Se trata de una Etica naturalista por excelencia, estando supeditada de manera absoluta a una hipótesis biológica, formulada de este modo: "Es bueno todo aquello que tiende a la supervivencia". Spencer incluía toda la vida orgánica en este axioma, y mantenía que la Etica ha evolucionado al ritmo de los demás aspectos de la vida, y que continuaría el proceso. *La vida* viene a ser, pues, el sumo bien. Pero como *la adaptación a las circunstancias* es a la vez favorable a la supervivencia y lo que proporciona placer, resulta otro bien más para el individuo y para la sociedad. Es buena la conducta que mejor adapta al individuo a sus circunstancias, incluso a la sociedad en que vive. Esto sirve de justificación a la conducta altruista, y a procurar la supervivencia de la raza, y no del individuo solamente. Sin embargo, hay que combinar el altruismo con el egoísmo, para una conducta bien equilibrada.

---

5. Darwin, **Origen de las especies,** Conclusión.

Algunos seguidores de Spencer, como S. Alexander, procuran explicar la evolución de la Etica según el principio de la selección natural. Se basan en el presupuesto de que los hombres naturalmente abrazan la mejor Etica, a medida que los pensadores morales la van descubriendo.

2. Crítica de la Etica evolucionista

(a) *¿Es bueno el proceso evolucionístico?* La doctrina presupone que el proceso de evolución (que da por comprobado) es bueno, y que tiende a una mejoría de la raza humana. Pero, ¿por qué es bueno? Aquí esta doctrina adolece del defecto de toda teoría naturalista. Define lo bueno en términos meramente naturalistas, pero nos damos cuenta de que hace falta una última razón ética. En este caso, existen serias dudas en cuanto a la bondad del desarrollo humano (desarrollo en las técnicas de la guerra, progresiva contaminación del ambiente, etc.). Hoy día ya no se puede decir que todo cambio es un progreso. Esta crítica se aplica igualmente a la selección natural en el campo moral.

(b) *La falta de teleología.* Los evolucionistas pretenden eliminar las finalidades éticas, ya que la conducta se ha de amoldar a los procesos naturales, y nunca ir en contra de ellos. J. S. Mackenzie[6] destaca que la Etica siempre se basa en fines e ideales y no puede prescindir de ellos. En realidad, dice, los evolucionistas tienen cierta teleología (el fin es la adaptación al medio ambiente). Pero, como ninguno se atreve a predecir el fin del proceso evolutivo, tampoco puede su Etica tener unos fines muy definidos.

(c) *La dificultad de aplicación.* Aunque se acepte el criterio de la supervivencia de la especie, no siempre es fácil determinar qué conducta la producirá. En el caso de una acción con claras consecuencias físicas puede valer, pero en los conflictos morales no podrá servir de guía.

---

6. **O. c.**, pp. 247-248.

3.   Etica de Hegel

Aunque la Etica de Hegel bien puede encuadrarse dentro
de los sistemas éticos transcendentales que estudiaremos en
la lección siguiente, cabe mejor dentro de los sistemas dialécticos, dada la importancia primordial que para Hegel tenía
la dialéctica. También se ha dado a la Etica hegeliana el
nombre de *perfeccionismo*. Es regida por el sistema metafísi-
co de la idea Absoluta que abarca la totalidad de la experiencia humana, y la Voluntad Universal del Gran Todo Ideal.
El hombre debe "realizar su conciencia de sí mismo" (comp.
con la realización del hombre en Aristóteles, aunque conse-
guida por vías muy distintas). En la práctica, la Voluntad
Universal es revelada en el Estado. La obediencia al Estado
debe ser absoluta, aun cuando el individuo se vea obligado
a actuar en contra de su propia conciencia, porque el conjunto es siempre más importante que el individuo.[7] La Etica marxista está basada en esta misma filosofía.

4.   Crítica de la Etica hegeliana

La Etica hegeliana tiene el grave defecto de supeditar la
conciencia individual al Estado, abriendo la puerta a la más
absoluta tiranía. Carece, además, de un fin para la conducta,
porque el Estado no es un fin adecuado en sí. Finalmente,
tampoco analiza al hombre como agente moral.

5.   Etica existencialista o Moral de situación

El Existencialismo como filosofía abarca diversas corrientes bajo un mismo denominador común: el valor primordial
de la existencia como un progresivo realizarse a sí mismo
a golpe de decisiones, entre un manojo de posibilidades,
habida cuenta de la circunstancia que, en cada momento,

---

7.   V. Hirschberger, o. c., vol. II, p. 272.

condiciona el uso de nuestra libertad y la moralidad de nuestra acción.[8] El Existencialismo puede dividirse en moderado y radical.

A) *Existencialismo moderado.* Es de base cristiana y pretende enfatizar el valor de la existencia cristiana en el mundo. El hombre está inmerso en un mundo en el que ha de hacerse cargo de la realidad y justificar sus actos. El hombre aparece así como un ser constitutivamente moral. Siendo lo moral parte de la estructura humana, postula un contenido moral, a fin de que el hombre pueda hacerse cargo de la realidad de un modo *responsable.* La acción moral responsable es así la acción específicamente humana, pues por ella el ser humano se realiza personalmente en la *praxis* cotidiana y se perfecciona en el plano ético-religioso. Del lado católico (K. Rahner, X. Zubiri, J. L. L. Aranguren), el punto central que da nombre a la Etica es la acción humana —en cuanto tal— inmanente a la realización de la personalidad moral[9]. Del lado evangélico, M. Gutiérrez Marín propugna una Etica existencial de base reformada, con un punto de arranque que es *la obediencia de la fe* y una conducta ética tipificada por el conjunto de cualidades que Gál. 5:22-23 nos presenta como *fruto del Espíritu,* o sea, la *fe en acción,* como define Gutiérrez Marín a la Etica cristiana, de acuerdo con Gál. 5:6[10]

B) *Existencialismo radical.* Desde el punto de vista ético, el existencialismo radical comprende, no sólo a filósofos agnósticos, como M. Heidegger, y rabiosamente ateos, como J. P. Sartre, sino también a teólogos modernistas o de la "muerte de Dios", como J. A. T. Robinson, P. Van Buren, W. Hamilton, Th. Altizer y otros, propugnadores de la más

---

8. Para un resumen y crítica del Existencialismo, véase mi libro **Catolicismo Romano** (Tarrasa, CLIE, 1972), pp. 81-83.

9. V. J.L.L. Aranguren, **Etica**, y Gran Enciclopedia Larousse, vol. IV, **Etica**.

10. V. M. Gutiérrez Marín, **Fe y Acción** (Etica cristiana existencial).

subjetiva "ética de situación". Según estos autores, es innecesario buscar soluciones concretas e inmediatas para los problemas éticos, puesto que basta con el amor. Pero como el amor no nos proporciona las reglas concretas pertinentes para cada caso, debemos deducir de la "situación concreta", dentro de la realidad de las estructuras profanas, la orientación para obrar, el contenido moral de la acción y el valor existencial de cada decisión, sin tener que recurrir al "exterior", a un mandato objetivo venido del Dios "desde fuera", concepto trasnochado e indigno del hombre que ha llegado a la mayoría de edad. De esta manera, a la rigidez de la *ley* sucede la libertad del *amor,* y a la imposición de la *autoridad,* las lecciones de la *experiencia.*[11]

6.   Crítica de la Etica de situación

(a)   *Establece una innecesaria contradicción entre la ley y el amor.* El amor no es un valor éticamente absoluto; su carácter ético depende del objeto al que se dirige y del modo de comportarse ante el objeto. En otras palabras, el amor está condicionado por la verdad y por el orden, o sea, por la santidad. Un amor sin cauce legal desemboca en la arbitrariedad y en el egoísmo larvado.

(b)   *Hace del hombre un ser autónomo.* Si el hombre no admite una ley objetiva emanada del Dios "desde fuera", debe buscar por sí mismo el camino de su ética, basándose únicamente en lo que le dicte su amor a la vista de cada *situación* concreta. Ello comporta una autonomía impropia del ser relativo.

(c)   *Suprime la línea de demarcación entre lo profano y lo sagrado.* "En el fondo —dice J. Grau—, esto quiere decir, sin paliativos, que Dios no interviene en ningún problema ético y menos en su solución. Se trata de dejar intacto el

---

11.   V. J.M. Martínez — J. Grau, **Iglesia, Sociedad y Etica cristiana,** pp. 54ss.

carácter profano del mundo. Aún más, se invita al cristiano a que viva también de una manera profana. De modo que acaba por diluirse cualquier diferencia que pudiéramos imaginar entre creyente e incrédulo por lo que atañe a la inspiración de su conducta."[12]

CUESTIONARIO:

1. ¿Cuál es la Etica evolucionística? — 2. Crítica de la Etica evolucionística. — 3. La Etica hegeliana. — 4. Crítica de la Etica hegeliana. — 5. Denominador común de la Etica existencialista. — 6. Etica del existencialismo moderado. — 7. ¿Cabe una Etica de situación de base bíblica? — 8. Etica del existencialismo radical. — 9. Crítica de la Moral de situación o de la "muerte de Dios".

_____

12. **O. c.,** p. 59.

LECCION 5.ª
SISTEMAS ETICOS TRASCENDENTALES

1. Definición

Los sistemas éticos trascendentales son aquellos en que
se aplica alguna metafísica a la conducta humana, tratando
a ésta como parte de un sistema que engloba toda la filosofía.
Los más importantes son el de Platón y el de Aristóteles.
También tiene aquí cabida el de Hegel, pero ya lo hemos
tratado dentro de los sistemas dialécticos.

2. Etica de Platón

La Etica de Platón es producto de su metafísica. Se basa
en la metafísica de un Universo teleológico en el cual todo
tiende hacia su forma perfecta. Asimismo, el hombre debe diri-
girse a obtener la forma del hombre justo, y, en último lugar,
a la forma del Bien. De esta manera alcanzará la felicidad.
Se basa además en el concepto de la materia como inferior
y negativa, oscurecedora de la realidad espiritual. En cuanto
a la conducta humana, esto significa que la razón debe regir
de manera absoluta, dominando al cuerpo hasta el máximo;
de aquí el concepto del hombre justo en perfecta armonía
en todo su ser, gobernado por la razón (sabiduría), mantenido en orden por el espíritu (valor), y controlando sus ape-
titos (templanza), con el resultado general de la justicia. Sólo
en la vida de justicia es donde el hombre se realiza y es

feliz; asimismo, es justa y feliz aquella sociedad en la cual cada uno realiza la tarea que le corresponde, sirviendo a los demás. Existe, pues, un elemento de hedonismo[13], pero además el hombre está obligado a escoger la vida de la razón, la virtud y la justicia por deber.[14]

3. Crítica de la Etica platónica

La motivación platónica resulta equilibrada, porque es cierto que el cumplimiento del deber tiene por resultado la felicidad, pero el método para obtener el equilibrio en el ser humano es equivocado, pues tiende a suprimir el cuerpo, basado en un concepto negativo de materia. Este concepto platónico de materia influyó decisivamente en la ascesis monástica, la cual se esforzaba en subyugar el cuerpo a fuerza de incomodidades, ayunos y disciplinas, a fin de que el espíritu soltase las amarras para volar con más libertad por las alturas de la Mística. Este concepto platónico-maniqueo de la ascesis ha perdurado hasta nuestros días.

4. Etica de Aristóteles

Aristóteles desarrolla la noción, presente ya en Platón, de que el hombre debe realizarse y cumplir con su naturaleza de animal racional, distinguiéndose de las bestias por el ejercicio de la razón. Sólo así llegará a la felicidad. De esta manera, la conducta más alta es la contemplación filosófica, reservada, como es natural, a los filósofos. Los demás deben contentarse con la virtud moral, que se alcanza por medio de la práctica constante de acciones buenas, con lo que se forman buenos hábitos y se configura así un buen *ethos,* o sea, el carácter específicamente *humano.*

---

13. V. Platón, **La República,** lib. II, donde se discute si es más feliz el justo o el injusto.
14. V. Hirschberger, **o. c.,** vol. I, pp. 125-126.

Así pues, Aristóteles formula dos principios importantes: el de la doble norma, según la cual unos pocos pueden aspirar a la perfección, pero no los demás, y el de la formación moral necesaria para todos. El principio básico para determinar la conducta virtuosa es el del áureo *medio* entre dos extremos viciosos.[15] Sin embargo, en cada caso concreto, ese *medio* virtuoso queda por determinar. Lo decide el "hombre sabio y práctico", es decir, la intuición moral, que en la práctica viene a ser la opinión general de la sociedad. De esta manera, el criterio de Aristóteles es básicamente *la aprobación general*.

5.   Crítica de la Etica aristotélica

La Etica aristotélica es muy equilibrada y práctica, pero tiene varios defectos. En primer lugar, la aprobación general es un criterio inadecuado; la mayoría no siempre tiene razón. Después, el *medio* aristotélico carece de normas absolutas de justicia; muy fácilmente se convierte en un sacrificio de principios éticamente firmes. Básicamente, es un principio egoísta, pues tiende fundamentalmente a la realización del individuo, sin mirar hacia los demás. La benevolencia está ausente de este sistema; la humildad viene a ser un vicio en vez de una virtud; la esclavitud es aceptada, aunque está en contradicción con la doctrina básica. Finalmente, el imperio de la razón no es suficiente para producir la buena conducta, porque no proporciona el elemento de *deber* que nos mueve a actuar.

CUESTIONARIO:

1. ¿A qué llamamos sistemas éticos trascendentales? — 2. ¿Cómo se resume la Etica de Platón? — 3. Crítica de la Etica platónica. — 4. Etica de Aristóteles. — 5. Crítica de la Etica aristotélica.

---

15.   V. Hirschberger, o. c., vol. I, p. 207.

LECCION 6.ª ETICA TEOCRATICA O TEOLOGICA

1. Definición

Llamamos Etica teocrática o teológica a la que identifica el bien con la voluntad santa de Dios. Incluye las éticas hebrea y cristiana.

2. Su relación con las demás éticas

El elemento común con las demás éticas es que tratan de los mismos temas: la conducta humana y sus normas. También el mismo propósito: elaborar un sistema de buena conducta; consideran cuestiones de vida personal y social, y las responsabilidades cívicas. Por otro lado, mientras las demás éticas sacan sus normas de muy diversas fuentes, ya sea del análisis de la conducta humana (la evolucionista), ya sea de la especulación metafísica (las trascendentales), ya sea de algún factor de la naturaleza humana como el placer (hedonismo), la utilidad (utilitarismo) o el deber (estoicismo y purismo kantiano), la Etica teocrática funda sus normas en el mismo carácter de Dios, tal como se revela en su Palabra.[16]

---

16. V. A.C. Knudson, **Etica Cristiana,** cap. I, y Mullins, **Evidencias Cristianas,** secc. 159-160. Volveremos sobre este punto más adelante.

3. Presupuestos fundamentales de la Etica hebreo-cristiana

A) *La naturaleza moral del hombre.* Se considera en primer lugar por ser el punto de contacto más importante con las demás éticas. Estas dan por sentado que el hombre tiene una naturaleza moral; de otra manera no tendrían razón de existir como ciencias de la conducta. A pesar de su enorme diversidad, este hecho es un presupuesto de todas. "La universalidad de los códigos morales —dice Carl F. H. Henry— es un hecho más profundo que el hecho de que están en desacuerdo."[17] Es también un presupuesto de la Etica hebreo-cristiana. Esta enseña que el hombre fue creado a imagen de Dios, y que un elemento de esta imagen es la naturaleza moral del hombre. En su condición anterior al pecado no poseía "la ciencia del bien y del mal", pero sí era capaz de recibir, obedecer y desobedecer los mandamientos divinos. Después de la caída, retiene por la gracia de Dios su naturaleza moral creada según la imagen divina, y tiene además conciencia de su propia culpabilidad y pecado, en contraste con la justicia de Dios (nótese su conducta después de la caída). Aunque siguen pecando, los hombres tienen nociones de justicia: Caín teme que le maten por su crimen. El apóstol Pablo enseña (Rom. 2:14-15) que los los hombres desprovistos de la Revelación Especial, no sólo tienen conocimiento del pecado, sino que también pueden tener nociones positivas acerca de lo que Dios requiere, "mostrando la obra de la ley escrita en sus corazones". Aquí se trata de la revelación general hecha a la naturaleza moral del hombre. Pablo habla del "testimonio de la conciencia... acusándoles o defendiéndoles sus razonamientos". Aunque esta expresión no queda del todo clara en el original griego, lo más probable es que se trata de la función de la conciencia, que puede desaprobar o aprobar la conducta. O. Hallesby[18] destaca que es común a todos los hombres en su aspecto

---

17. En **Christian Personal Ethics,** p. 153.
18. En **Conscience,** cap. I.

formal, o sea, tal como la define Knudson[19]: "la convicción de que lo recto existe y que estamos obligados a hacerlo", y de que, además, debemos evitar el hacer lo malo.[20]

B) *La naturaleza de Dios*. La naturaleza moral del hombre no es el presupuesto más importante de la Etica hebreocristiana. Su principio característico es que el bien se identifica con la voluntad santa de Dios. La obligación moral del hombre es obedecer a Dios, y la buena conducta es la que él aprueba, lo que la Biblia llama "lo recto ante los ojos de Jehová", mientras que la mala conducta es el pecado contra él —"contra ti solo he pecado" —dice David (Sal. 51:4). Cristo nos exhorta a buscar el reino de Dios y *su* justicia (Mat. 6:33), y Pablo nos intima que comprobemos "cuál sea la buena voluntad de Dios, agradable y perfecta" (Rom. 12:2), con el pensamiento de que El será un día el Juez de toda conducta humana. Una de las críticas más comunes a este presupuesto básico es que el hecho de que Dios mande hacer o no hacer algo, no es razón suficiente para obligar al hombre a obedecer, pues hace falta saber también que El es perfectamente bueno. Knudson sigue la corriente humanista, aseverando que la base fundamental de la Etica cristiana no debe ser la voluntad de Dios, sino la naturaleza moral del hombre, porque sólo sabemos que lo que manda Dios es bueno gracias al discernimiento moral que tenemos. Esta objeción se resuelve si se deja de considerar la voluntad de Dios como separada del carácter santo de Dios. La voluntad de Dios es la expresión de su misma naturaleza: El es bueno —el solo bueno (Mt. 19:17; Mc. 10:18; Lc. 18:19)—, el justo, el Santo de Israel. La conciencia humana reconoce que su ley es santa, justa y buena, y sobre esta base el Espíritu Santo convence al hombre de pecado, revelando la abso-

---

19. **O. c.,** p. 51.

20. V. A.C. Knudson, **o. c.,** pp. 44-60, 80-81; M. Gutiérrez, **o. c.,** pp. 41ss.; J.E. Giles, **Bases bíblicas de la Etica,** pp. 30-31. En cuanto a la actual insuficiencia de la conciencia para decirnos en qué consiste lo recto, véase la lección 20ª, pº 1, A.

luta justicia de Dios. Algunos teólogos bíblicos[21] han creído
que para que la ley moral encierre una obligación, tiene que
ser exterior a la voluntad de Dios; que lo bueno, lo justo, es
una "eterna ley de justicia" a la cual Dios mismo se conforma. Sin embargo, el concepto de un Dios personal absoluto,
fuente de todo ser, y, por tanto, de la Verdad y del Bien,
implica que lo bueno se funda, no en una noción abstracta
de "justicia eterna", sino en lo que El es, y no viceversa, y
de aquí que sea bueno lo que El hace y manda. A los hombres
nos parece también bueno en cuanto que somos creados a Su
imagen y semejanza. Así nuestra obligación de cumplir los
mandamientos divinos descansa también en la naturaleza de
Dios: "Sed santos, porque yo soy santo"; "Sed pues, perfectos, como vuestro Padre que está en los cielos es perfecto".[22]

C) *La revelación divina.* Un tercer presupuesto, que
depende del anterior, es que Dios ha revelado su voluntad en
las Sagradas Escrituras. El argumento de Knudson mencionado arriba es que la naturaleza moral humana es más
fundamental porque son muchos los que han hablado en
nombre de Dios, y tenemos que atenernos a nuestro juicio
moral para saber cuáles son los mandamientos divinos auténticos. A esto respondemos que, si tanto el Antiguo Testamento como el Nuevo Testamento son considerados como
la revelación auténtica de Dios, entonces lo que dicen de su
voluntad puede ser recibido como tal. Empieza el Decálogo
con la aseveración inequívoca: "Y habló Dios todas estas palabras, diciendo: Yo soy Jehová tu Dios...". La palabra hebrea que traducimos por *ley* es *torah* y significa instrucción
revelada. Es una revelación especial, ligada con la elección
y la redención. La ley fue revelada al pueblo elegido, con el
propósito, según revela el Nuevo Testamento, de convencer
de pecado y conducir a Cristo, como instrumento en el propósito divino de redención (cf. Gál. 3:23-24). Los profetas

---

21. Por ej. R.W. Dale, en **The Atonement,** cap. IX.
22. V. A.C. Knudson, **o. c.,** pp. 208-219; M. Gutiérrez Martín,
o. c., pp. 197-198; J.E. Giles, **o. c.,** pp. 24-30.

invocan la misma autoridad: "La palabra de Jehová vino a...". Y el Señor Jesucristo habla en un tono que demuestra su propia autoridad divina: "Oísteis que fue dicho..., pero yo os digo..." (Mat. 6). La ética revelada del Nuevo Testamento es también parte integrante del propósito redentor de Dios, pero como uno de los fines de la redención. Dios revela que ha salvado a Su pueblo, para que sean semejantes a Cristo en su vida moral: "Este es mi mandamiento: que os améis unos a otros, como yo os he amado" (Jn. 15:12); "se dio a sí mismo por nosotros, para redimirnos de toda iniquidad y purificar para sí un pueblo propio, celoso de buenas obras" (Tito 2:14, comp. con Ef. 1:4; 2:10; 1.ª Ped. 2:24, etc.). Lo bueno en la conducta es identificado por Pablo con el fruto del Espíritu (Gál. 5:22). Para Juan, la buena conducta es señal segura e imprescindible de la salvación (1.ª Jn. 2:29).

CUESTIONARIO:

1. ¿A qué llamamos Etica teocrática? — 2. ¿Qué relación tiene con las demás éticas? — 3. ¿Cuáles son los presupuestos fundamentales de la Etica hebreo-cristiana? — 4. ¿Sigue siendo presupuesto básico la naturaleza moral del hombre, aun después de la caída? — 5. ¿Cómo puede ser la voluntad de Dios la base primordial de la ética sin caer en la arbitrariedad? — 6. ¿En qué sentido es la Revelación Especial un presupuesto básico de la ética hebreo-cristiana?

Segunda parte

Etica de la Ley

LECCION 7.ª CARACTER DE LA ETICA DEL ANTIGUO TESTAMENTO

1. El monoteísmo ético

El alto nivel ético del Pentateuco ha sido una de las evidencias que se ha pretendido aducir en favor de un origen post-mosaico de la Ley. Sin embargo, no hay dificultad alguna en admitir el origen mosaico de la Ley (cf. Jn. 1:17; 5:46), si se acepta que desde los principios mismos del pueblo de Israel, Yahveh (o Jehová) se reveló como único Dios verdadero. En este caso, el concepto hebreo de Dios no evolucionó desde un politeísmo primitivo, y la ética expresada en la Ley de Moisés tampoco fue el producto de éticas anteriores, sino que fue directamente revelada y tiene sus bases en el carácter, también revelado, de Dios.

El pueblo judío no tenía ningún concepto de la Etica como una disciplina independiente; para él, la Etica no puede separarse de la Teología.[1] Dios es justo, santo; el hombre tiene que serlo también, tanto individual como colectivamente. Precisando más, de la misma manera que el Dios de Israel se distinguía de los demás llamados dioses por su carácter moral, así también tenía que distinguirse su pueblo de los demás pueblos como "gente santa" (Lev. 19:2; 20:26).

En los profetas se introduce con más fuerza y énfasis la idea de que la conducta justa y buena se identifica con el

---

1. V. L. Dewar, **An Outline of New Testament Ethics**, p. 18.

conocimiento de Dios (Jer. 9:24; Is. 5:15; etc.).[2] Más aún, este *conocer* a Dios en respuesta al haber *sido conocido* por Dios (1.ª Cor. 8:3), adquiere a lo largo de toda la Biblia un matiz de conocimiento experimental que equivale a una compenetración íntima, marital. Así se comprende la estrecha relación de este conocimiento con la conducta. En Jn. 7:17, dice Jesús: *El que* QUIERA *hacer la voluntad de Dios,* CONOCERA *si la doctrina es de Dios"*. Y, a pesar de la omnisciencia divina, en este sentido experimental, afectivo, puede decir el Señor a las vírgenes insensatas: *"De cierto os digo, que no os conozco."* (Mt. 25:12).

2. La voluntad divina

A) *El propósito divino.* La Etica del Antiguo Testamento forma parte del propósito divino fundamental: el establecimiento del Reino de Dios, cuyo concepto completo sólo se revela en el Nuevo Testamento.

B) *El lugar del hombre.* Creado a la imagen de Dios (Gén. 1:26-27), el papel primordial del hombre es señorear la tierra como vicegerente de Dios (Gén. 1:28; Sal. 8:6-8). Pero esta autoridad tiene que ser ejercida en justicia, es decir, en obediencia a la voluntad divina.[3]

3. El pecado humano

El reconocimiento del pecado del hombre es una característica distintiva de la Etica del Antiguo Testamento. Los griegos, para calificar éticamente al hombre, hablaban de "ignorancia"; Kant, de "irracionalidad"; los científicos evolucionistas, de un "residuo animal" que aún queda en el hombre y que está llamado a desaparecer; pero el Antiguo Testamento habla de "pecado", es decir, de rebelión contra

2. V. J.E. Giles, o. c., pp. 32-34.
3. V. J.E. Giles, o. c., pp. 37-38.

la voluntad de Dios. Dios ha revelado cuál es la conducta que le complace, y por eso la prescribe, y cuál es la conducta que le desagrada, y por eso la prohibe; el pecado es, pues, la violación de Su voluntad revelada. El profeta Samuel destaca que la desobediencia es la causa de la condenación (1.ª Sam. 15:23).

El Antiguo Testamento hace resaltar el principio de la responsabilidad moral del hombre delante de Dios, y el de la justicia retributiva, ya que un Dios santo y justo tiene que castigar las violaciones del orden moral divino. La revelación aumenta la responsabilidad moral del pueblo de Dios (Am. 3:2).

4. La redención divina

La redención divina es el complemento y ejecución de la justicia divina.

A) *El antiguo pacto* es el medio destinado a cumplir el propósito divino. Dios hace su pacto con Abraham el escogido (Gén. 12; 15:19; 22:15-18) y lo renueva con sus descendientes en el Sinaí (Ex. 19). Es en este momento cuando la Ley divina es revelada a Moisés. El sentido ético del pacto se nota en la figura del matrimonio, a la cual aluden muchos libros del Antiguo Testamento (por ej. Oseas). Israel es la esposa de Yahveh (o Jehová) y debe ser fiel a El. Los profetas se quejan de que Israel ha sido infiel yendo tras dioses ajenos, con las consecuencias morales proporcionales a tal infidelidad (por ej. Jer. caps. 2 y 3). El pacto tenía implicaciones sociales, además de las individuales. El amor al prójimo (Lev. 19:18) se expresa en muchas leyes, como, por ejemplo, en las precauciones de seguridad en la construcción (Deut. 22:4,8); en el trato a los siervos (Deut. 15:12-18), a los extranjeros (Lev. 19:33), a los pobres (Ex. 22:26), etc.

B) *El nuevo pacto.* A Jeremías le es revelado que el Antiguo Pacto es una anticipación del Nuevo Pacto (Jer. 31:31-34), por medio del cual los propósitos divinos se cumplirán en su plenitud. De nuevo tiene una implicación social: la santidad del pueblo de Dios como tal "pueblo", concepto que en el Nuevo Testamento habría de desarrollarse en la doctrina del Cuerpo de Cristo.

CUESTIONARIO:

1. ¿De dónde arranca el alto nivel ético del Pentateuco? — 2. ¿Qué papel desempeña la Etica del Antiguo Testamento con relación a los designios divinos en general, y respecto al hombre en particular? — 3. Concepto de justicia y pecado en el Antiguo Testamento. — 4. La Etica del antiguo pacto en su sentido más íntimo y en su dimensión comunitaria, anticipatoria de la Etica novotestamentaria.

LECCION 8.ª   LA LEY DEL PUEBLO DE ISRAEL

1.   Distintas acepciones del término «ley»

Los principales usos del término *ley* fueron definidos por Tomás de Aquino en su *Summa Theologica*, y aún nos valen, con la adición del concepto de la "ley" científica.

A)   *La ley eterna.* "No es otra cosa que Dios mismo... No es otra cosa que el plan de la divina sabiduría, considerado como director de todos los actos y movimientos (de las creaturas)"[4]. Los principios eternos de la naturaleza de Dios son las normas absolutas para la conducta del hombre.[5]

B)   *La ley natural.* "No es otra cosa que una participación de la ley eterna en una creatura racional"[6]. Podemos examinar el concepto pagano de esta ley y el concepto bíblico.

(a)   *El concepto pagano.* Según Aristóteles, "es natural la regla de justicia que tiene la misma validez en todas partes, y que no depende de nuestra aceptación de la misma". Cicerón expresa así el concepto estoico: "La ley verdadera es la razón justa en concordancia con la naturaleza... Es de aplicación universal, es inmutable y eterna...; quien la desobedece, está huyendo de sí mismo y está negando su naturaleza humana." Está aquí implicado el concepto de que

---

4. *Summa Theologica,* I-II, q. 93, a. 1.
5. V. la lección 6.ª.
6. *Summa Theologica,* I-II, q. 91, a. 2.

existen principios de conducta independientes del tiempo, del lugar y de la opinión, grabados en el corazón humano.

(b) *El concepto de las Sagradas Escrituras.* La existencia de la ley natural es aseverada en Rom. 2:14-15 e implicada en Rom. 12:17; 1.ª Cor. 11:13-16 y en todos los textos que enseñan la responsabilidad moral del hombre fuera del pueblo de Dios (por ej. Amós 1, Rom. 1:18-22). Se trata de un conocimiento natural de lo bueno y de lo malo.[7] Es de notar que no se trata de una ley descriptiva, sino normativa. El hombre sabe por su conciencia lo que es bueno, aunque no lo haga. Hay que tener también en cuenta las consecuencias de la caída. "La percepción de la ley natural por parte del hombre caído está universalmente distorsionada en mayor o menor grado"[8]. Este hecho ha inducido a algunos[9] a abandonar el concepto de la ley natural, creyendo que damos este nombre a las normas que hemos recibido en nuestra propia formación moral. A pesar de ello, el hombre aún lleva en su interior este conocimiento moral como aspecto importante de haber sido creado a imagen de Dios. S. T. Coleridge comparó la ley natural a la luna, la cual, a pesar de sus irregularidades e imperfecciones, con todo nos guía en nuestro camino, reflejando la luz del sol, con la esperanza de que éste se levantará pronto.

C) *La ley científica.* La importancia de esta acepción del término "ley" aquí, radica en la confusión que ha surgido, desde el siglo XVIII, entre la *ley natural* y las *leyes de la naturaleza.* A través de la observación científica, se formularon "leyes" naturales. El método fue aplicado al hombre y su conducta, formulando una nueva ley natural, que era una especie de ley científica de la naturaleza humana, en forma puramente descriptiva. "Lo que era natural en el Edén, fue sustituido por lo que era natural en Europa".[10]

---

7. V. E. Kevan, **La Ley y el Evangelio,** p. 35.
8. V. A.R. Viddler y W.N. Whitehouse, **The natural law,** p. 24.
9. Por ej. P.H. Nowell-Smith, **Ethics,** pp. 237-238.
10. Sir Basil Willey, **The 18th. Century background,** p. 18.

D) *La ley positiva.* "Una ordenanza de la razón hecha para el bien común y promulgada por el que tiene a su cargo la comunidad."[11] Son de este género las leyes humanas promulgadas por las legítimas autoridades. El jurista Blackstone sostenía que ninguna ley humana tiene validez si es contraria a la ley natural. Su relación con la autoridad divina y, por lo tanto, con la ley eterna, está expuesta por Pablo en Rom. 13:1-6. Cuando la ley humana es considerada como contraria a la ley natural, un sector de la comunidad puede verse obligado a oponerle resistencia.[12] Cuando una ley humana está en conflicto con la ley divina, un hijo de Dios no tiene más remedio que transgredirla (Hech. 4:19).

E) *La ley divina.* "Es —según Tomás de Aquino— aquella revelación de la ley eterna que está contenida en las Sagradas Escrituras."

2. El carácter de la torah

La palabra hebrea "torah" que traducimos por "Ley", significa una indicación o dirección. En su aplicación específica "significa la dirección autoritativa dada en nombre de Jehová sobre puntos del deber moral, religioso o ceremonial."[13] Se aplica en el Antiguo Testamento a los pronunciamientos de sacerdotes, jueces o profetas (por ej. Sal. 78:1) en el nombre de Yahveh (o Jehová), es decir, con autoridad divina. De manera especial se refiere a la ley mosaica (1.ª Crón. 16:40).

3. Comparación entre la torah y la ley positiva

T. W. Manson hace las siguientes distinciones entre la torah y cualquier otra ley positiva:[14]

---

11. **Summa Theologica,** I-II, q. 90, a. 4.
12. Si puede (y debe) alzarse en rebelión armada, ya es más discutible.
13. **Hastings Dictionary of the Bible.**
14. En **The teaching of Jesus,** pp. 288-289.

A') La torah abarca toda la vida humana, mientras que la ley positiva sólo puede tocar los aspectos sociales de la conducta.

B') En cuanto a su promulgación, la torah no se encuentra en estatutos como la ley positiva, sino que se oye de la boca de los siervos de Yahveh (o Jehová), los cuales traen Su palabra al hombre.

C') A diferencia de la ley positiva, la torah no se puede reformar (Cristo mismo declara su carácter inmutable, Mt. 5:17-18). Tampoco existe la posibilidad de apelación contra ella, por ser el reflejo de la naturaleza eterna de Dios.

4. El propósito de la torah

Las funciones de la Ley o "Torah" eran los siguientes:

A'') *Era una manera de vivir para un pueblo escogido y rescatado.* La torah no es simplemente un código de conducta, sino la manera de vivir conveniente para el pueblo escogido por Dios y con quien ha hecho un pacto de favor (Ex. 19:4; 20:2). La promesa "haz esto y vivirás" no indica un sistema de salvación por obras (¡todos los fieles del A. Testamento se salvaron por fe! —v. Heb. 11), porque los israelitas que miraban la Ley de esta manera, ocupándose de la obediencia a la letra como medio de salvación, fueron condenados, tanto por los profetas del Antiguo Testamento como por Jesucristo. La Ley era un favor de Dios al pueblo del pacto, como guía de su conducta "hacia Cristo" (eis Christón —Gál. 3:24). En frase de Esteban, la Ley contenía *"palabras de vida"* (Hech. 7:38).

B'') *Estaba destinada a refrenar el pecado.* Esta función está relacionada con la primera. Aun cuando Israel se había apartado de Dios, su conducta era mucho mejor que la de las naciones paganas, aunque estaba muy lejos del espíritu de la Ley. *"La ley no fue dada para el justo, sino para los transgresores y desobedientes"* (1.ª Tim. 1:9).

C'') *La Ley revela y excita el corazón pecaminoso.* Paradójicamente, la Ley, al mismo tiempo, enseña al hombre que es pecador y hasta le incita a pecar (Rom. 5:20; 7:7; 1.ª Cor. 15:56).

D") *Demuestra la naturaleza pecaminosa del pecado.* Es decir, sólo mediante la Ley, sabe el hombre que el pecado es pecado (Rom. 4:15; 7:13).

E") *Convence al individuo de pecado.* "*Por medio de la ley es el conocimiento del pecado*", se nos dice en Rom. 3:20. En la Ley se refleja como en un espejo (Sant. 1:23) la condición interior del hombre, porque la Ley nos acusa, nos señala con su índice. Es significativo el caso de Josías en 2.ª Crón. 34:18-21, ccmo es el testimonio de Pablo en Romanos 7.[15]

F") *Es una preparación para Cristo.* Según Gál. 3:24, ha sido nuestro "paidagogos" (el siervo que lleva a los niños a la escuela), llevándonos hasta Cristo. "*Pero venida la fe, ya no estamos bajo ayo*" (Gál. 3:25). La Ley preparaba para Cristo en todos los aspectos mencionados y en el aspecto ceremonial (Hebr., caps. 7 al 10). Cristo dijo que había venido a cumplir la Ley (Mt. 5:17). Y, con su cumplimiento, puso fin a la Ley (Rom. 10:4), de modo que el cristiano está libre del yugo de la Ley (Rom. 6:14; 7:4; 10:4; Gál. 2:19; 4:5; 5:18; etc.). Qué significa estar "*bajo la ley de Cristo*" ("énnomos Christú" —1.ª Cor. 9:21), lo veremos en la 4.ª Parte de este libro.

G") *Revela la naturaleza de Dios,* tanto su santidad como su amor hacia su pueblo (Ex. 20:5-6).

CUESTIONARIO:

1. Distintas acepciones del término "ley". — 2. ¿A qué nos referimos al hablar de la "Torah"? — 3. ¿Qué características posee la torah en contraposición a otras leyes positivas? — 4. Funciones de la torah.

---

15. V. También el comentario de E. Kevan a Gál. 3:19, en **La Ley y el Evangelio,** pp. 48-52; y la cita de Lutero en M. Gutiérrez Marín, **o. c.,** p. 110.

LECCION 9.ª EL DECALOGO

1. Carácter religioso del Decálogo

El Decálogo, término que significa "diez palabras" y, efectivamente, los judíos lo llaman "Las Diez Palabras"[16], aparece en Exodo 20:1-17 y Deut. 5:6-21, y consta de diez mandamientos divididos en dos "tablas". Los tres primeros mandamientos tratan de la relación con Dios. El 4.º y probablemente el 5.º tienen también una base religiosa. Los otros cinco tienen un propósito social.

Esta íntima relación entre la religión y la vida, distingue al Decálogo de otros códigos, por ejemplo, el de Hammurabi, los cuales se preocupan de la ley civil y criminal, especialmente de la defensa de la propiedad.

2. Su orden

Aunque sabemos que estaba inscrito en dos tablas, el texto no indica cómo fue dividido entre las dos. Por el contenido, se puede hacer la división después del 4.º o del 5.º. Los autores evangélicos optan, en general, por esta última división; por ejemplo, W. S. Bruce[17], quien ve en los primeros cinco

---

16. De ahí que, al encarnarse la Palabra personal de Dios (Jn. 1:14), los diez mandamientos se condensan en uno (Jn. 13:34; 15:12; 1.ª Jn. 2:7-8; 3:23; 4:21; 2.ª Jn. vv. 4-6).

17. **O. c.,** cap. VII.

mandamientos el deber del hombre para con Dios, expresado en una progresión que comienza por la adoración del corazón, pasando por las palabras a las acciones. Dios debe ser honrado en su persona (Mand. I.º), en su culto (II.º), en su nombre (III.º), en su día (IV.º), y en sus representantes (V.º), mandamiento que sirve de eslabón con la 2.ª tabla, ya que tiene también una relevancia social. La segunda tabla trata de la relación del hombre con su prójimo, procediendo en orden inverso, de acciones a palabras y pensamientos. El prójimo debe ser respetado en su vida (VI.º), en su mujer (VII.º), en sus bienes (VIII.º) y en su reputación (IX.º), y todo esto desde dentro del corazón, además de por medio de acciones externas (X.º).

3. La primera tabla

El capítulo 20 de Exodo comienza con un prólogo que proclama la existencia de Dios, y su obra salvadora, como motivos de la obligación del pueblo del pacto para con El.

I.   El no tener dioses ajenos es el fundamento de la Teología y de la Etica hebreo-cristiana. La Etica tiene que estar basada en la religión, y no en el interés personal, ni siquiera en una preocupación por el bien del prójimo. Lo primero es la obediencia al Dios santo, la cual implica el respeto a la justicia y la práctica de la misma (V. Lev. 11:44; 1.ª Ped. 1:15-17).

II.   En el 2.º mandamiento tenemos la prohibición de un culto parecido al de Egipto y de Canaán. Como ninguna imagen material podía ser adecuada para el culto a Dios, se prohiben todas, para evitar la materialización del culto y, por ende, de la conducta. El peligro es ejemplarizado en el caso de los cananeos, cuya conducta bestial era influida por su culto sensual al toro, así como en el caso de la degradación de la moral israelita, retratada por los profetas, al corromperse el culto, y en la conducta del mundo pagano, como consecuencia de su rechazamiento de Dios, descrita por Pablo en Rom. 1:22ss. Además el mandamiento se aplica a cualquier cosa que pudiera usurpar el lugar de Dios como objeto único del culto y del servicio del hombre (como, por ej. las riquezas —Mt. 6:24; Col. 3:5).

III.   El legalismo judío procuraba —y procura— guardar este mandamiento evitando la pronunciación del nombre sagrado (Yahveh o Jehová). Pero, más que una prohibición de usar el nombre de Dios, o de jurar por dicho nombre (lo que es hasta recomendado en Deut. 10:20), se trata de que *se cumpla* lo prometido bajo tal juramento (Sal. 15:4c; 24:4c). Como quiera que el nombre representaba el carácter mismo de la persona (Ex. 33:19; Sal. 8:1), este mandamiento prohibe cualquier conducta en el pueblo de Dios que pudiera deshonrar Su nombre (Sal. 30:9 —el robo; Amós 2:7 —la inmoralidad). A. R. Osborn[18] opina que aquí se incluye también la hipocresía religiosa.

IV.   Se trata de observar el día de Yahveh (o Jehová). Comparándolo con Deut. 5:12-15, se pueden destacar tres propósitos: 1) religioso: la conmemoración del reposo divino después de la creación, y de la redención de Egipto (Deut. 5:15); 2) social: una oportunidad para hacer bien al prójimo y dar libertad a los esclavos (Deut. 15:12-15; 16:12; 24:17-22; Mt. 12:12); 3) personal: recreación y descanso del trabajo de la semana (Gén. 2:3; Ex. 23:12; Deut. 5:14).

V.   En el Antiguo Testamento, los padres son los responsables de instruir a los hijos acerca de Dios (Deut. 4:9-10; 6:7; 11:19; 32:46; también Ex. 12:26; Deut. 6:20-25; Jos. 4:6-7), y el respeto a los mayores es vinculado con el temor de Dios en Lev. 11:32. El mandamiento es repetido en el Nuevo Testamento en Mt. 15:4-6; Ef. 6:1-4; Col. 3:20-21. Es el único mandamiento que encierra una promesa: "para que tus días se alarguen en la tierra", lo cual implica que la desobediencia a los padres puede ser a la vez señal y causa de la ruina social; de aquí que los casos extremos merecían la pena de muerte (Deut. 21:18ss.) La falta de respeto a los padres implica rebeldía contra la ley que ellos enseñan.

---

18.   **Christian Ethics**, cap. IV.

4. La segunda tabla

VI.   La palabra de Dios enseña el carácter sagrado de la vida humana desde la muerte de Abel en adelante, "porque a imagen de Dios es hecho el hombre" (Gén. 9:6). El homicidio es uno de los pecados más graves, tanto en el Antiguo como en el Nuevo Testamento (1.ª Jn. 3:15). El mandamiento no comprende la pena jurídica de muerte (Ex. 21:12), ni la matanza en la guerra (Deut. 7:2; 20:13-18).

VII.   El alto concepto que del matrimonio aparece en la Ley, se ve ya en Gén. 2:21-24. Este mandamiento implica la protección del hogar y de la vida familiar. La pena era la muerte (Lev. 20:10).

VIII.   Este mandamiento presupone el derecho a la posesión de objetos legítimamente adquiridos. "La propiedad —dice W. S. Bruce[19]— es la exteriorización y ampliación de la propia personalidad del hombre".

IX.   Se trata aquí de proteger la reputación del prójimo. El falso testimonio denota malas intenciones, procurando lograr de una manera más sutil lo que uno no se atreve a hacer abiertamente (por ej. la falsa acusación de blasfemia a Nabot, con el fin de matarle y robarle —1.ª Rey. 21:9-10).

X.   Se reconoce que la codicia es la raíz de otros pecados, como el robo y el adulterio. Enseña que también el deseo es pecado (comp. con Mt. 5:22-28).

5. Evaluación del Decálogo

A)   *Sus puntos fuertes:*

(a)   Fundamenta la conducta ética en la religión (aunque queda superado en el N. Testamento por el amor).

(b)   Es a la vez breve y comprensivo. Incluye la conducta social, las relaciones familiares, y las relaciones con Dios.

---

19. **O. c.,** p. 165.

Prohibe cada ofensa en su grado más alto, y así comprende las transgresiones menores; por lo tanto,

(c) es capaz de ampliación.

B) *Sus limitaciones:*

(a') Es principalmente negativo, con excepción de los mandamientos IV y V. W. S. Bruce hace la siguiente observación (pedagógicamente discutible): "En la infancia de una nación, igual que en la de un niño, la parte primitiva de su formación moral debe siempre consistir en preceptos concretos, expresados en forma de prohibiciones".[20] Y C.F.H. Henry añade: "Su forma negativa pone en claro que están dirigidos al hombre en un estado de desobediencia."[21]

(b') Su aplicación es externa, con excepción del X. Habla más de las acciones que de la vida interior del pensamiento y del deseo. Sería posible obedecer la letra, negando el espíritu. Podríamos decir que el Decálogo ataca directamente a los *frutos* del pecado, mientras que el Sermón del Monte ataca más directamente a las *raíces* del pecado.

(c') Es limitado en su alcance. Por ejemplo, no dice nada de las responsabilidades del hombre para con la autoridad política, a menos que el mandamiento V se extienda a todos los que tienen autoridad.

(d') Carece de dinámica para su cumplimiento. Por eso, Pablo llama a la Ley "débil" (Rom. 8:3).

CUESTIONARIO:

1. ¿Qué es lo que distingue al Decálogo de otros códigos morales? — 2. División y orden de los mandamientos del Decálogo. — 3. Breve resumen del contenido de los mandamientos de ambas tablas. — 4. Valores positivos y limitaciones del Decálogo.

---

20. **O. c.,** cap. **VI.**
21. **O. c.,** p. 272.

LECCION 10.ª ENSEÑANZAS ETICAS DE LOS PROFETAS DEL ANTIGUO TESTAMENTO

1. Objetivos del ministerio profético

Los profetas hacían algo más que pronosticar el futuro. En realidad, el papel primordial del profeta, de acuerdo con la etimología del término, es "hablar en nombre de otro"; en este caso, de Dios. Así que el propósito inmediato de los profetas del Antiguo Testamento era amonestar y aconsejar a sus contemporáneos. También sus predicciones tenían la finalidad de sacar a esta gente de su estado de falsa satisfacción, de convencerle de pecado y de hacerles volver a Dios y a Su ley. Como dice A.F. Kirkpatrick, "luchaban para volver al pueblo a su lealtad hacia Jehová, y para elevar las prácticas al nivel de la fe".[22] Dios habló por ellos (Miq. 3:8) y en este sentido, su mensaje era nuevo; pero lejos de ser innovadores, recuerdan al pueblo el pasado, es decir, el pacto (Os. 6:7; 8:1), la ley (Os. 4:6; Am. 2:4) y los actos liberadores que Dios ejecuta en favor de su pueblo (Os. 11:1; Am. 2:10; 3:1). En Oseas se plasma típicamente la figura de Israel como la esposa infiel de Yahveh (o Jehová), que debe retornar a su primer amor.

Más tarde, destacan los profetas contemporáneos Jeremías y Ezequiel, que son enviados a dos sectores del pueblo muy distintos entre sí. Jeremías profetiza a Jerusalén bajo un

---

22. En **The doctrine of the prophets,** p. 26.

juicio inminente, mientras que Ezequiel profetiza a los desterrados que ya habían experimentado el juicio divino. Mientras Jeremías denuncia los males de un orden civil y religioso corrompido, Ezequiel puede hablar de la restauración del pueblo y de su culto a Yahveh (o Jehová).

2. El mensaje distintivo de cada profeta

Amós habla de justicia y de juicio. Dios es el juez justo de las naciones (5:24), que exige una conducta justa de parte de Su pueblo.

Ezequiel, como también Jeremías, al resaltar, con el énfasis característico de los profetas del 2.º período (finales del siglo VII y siglo VI a. de C.), la responsabilidad individual ante Dios, representa un progreso en la Etica de Israel. Cada cual morirá por su propio pecado (18:4-20). No será posible salvarse a base de las virtudes ajenas (14:14). Esto contrasta con la enseñanza anterior, que tiene un énfasis colectivo. En la Ley, la culpa es del pueblo en general, o de toda una familia (Ex. 20:5; Núm. 16:27-32; Jos. 7:24-25).

Isaías y Miqueas hablan del carácter santo de Yahveh, "el Santo de Israel", quien exige la santidad en Su pueblo (Is. 33:13-17; Miq. 1:2-5).

Jeremías, como Ezequiel, enfatiza que cada cual morirá por su propio pecado (31:29-30).

Oseas habla del amor de Dios como esposo de Israel. Su término favorito es el vocablo hebreo *"hesed"* = lealtad misericordiosa, fidelidad al pacto, amor a Su pueblo (14:1 ss.). Dios llama a Su pueblo a que retorne a El; expresa Su deseo de perdonar y habla de las bendiciones que quiere derramar sobre ellos. Desea que Su pueblo también exhiba esta cualidad para con El (6:4), y para con el prójimo (4:1; 6:6; 12:6).

A pesar de estas características distintivas, el mensaje de los profetas es básicamente el mismo: Si el pueblo se arrepiente, Dios le perdonará (Am. 5:4-6,14-15; Is. 1:18; Miq. 7:18-

20). "Miqueas —dice H.L. Ellison— resume los requisitos de la religión auténtica en un versículo famoso (6:8), el cual combina la enseñanza de sus tres insignes predecesores: hacer juicio (Amós); amar la misericordia o *"hesed"* (Oseas); y humillarte para andar con tu Dios, es decir, como conviene a Su carácter santo (Isaías)".[23]

3. Puntos éticos que destacan en la enseñanza profética

A) *La separación de Dios,* que se manifiesta en los siguientes aspectos:

(a) *La apostasía religiosa,* ya en su aspecto general (Is. 59:13), ya en los sacrificios a dioses ajenos (Os. 2:13; 4:10; 11:2), en el culto a ídolos e imágenes idolátricas (Is. 2:8; Os. 13:2), en el seguimiento de costumbres extranjeras (Is. 2:6; Miq. 5:12-14). En Jeremías y Ezequiel, su denuncia de la apostasía es más contundente aún que la de los profetas anteriores, a causa del descarado paganismo del reinado de Manasés, que las reformas de Josías no habían sido capaces de extirpar (Jer. 3:10). Así vemos cómo Jeremías condena la idolatría y la multiplicación de los dioses (5:7; 11:13). Antes de Manasés, el culto idolátrico aún pretendía ser dirigido a Yahveh (o Jehová), pero ahora se han introducido dioses ajenos (7:17-18, comp. con Sof. 1:5-6) y hasta sacrificios humanos (7:31). En los primeros capítulos, Jeremías emplea un estilo que recuerda al de Oseas, comparando la relación entre Israel y su Dios a la de dos esposos o a la de padre e hijo (2:9; 3:1,20; 31:9); habla de la locura de la idolatría (2:11-13; 11:12; 16:20); con todo, el pueblo es inconsciente de su desobediencia (2:23; 8:8; 18:18). Ezequiel denuncia, tanto la idolatría en Israel (6:13), y en Jerusalén (8:6-16), como la que aún persiste entre los desterrados (14:1-8). Es una afrenta a Jehová y a Su nombre (20:9,14,22), y las consecuencias serán las condenaciones

---

23. En **Men spake from God**, p. 66.

del juicio divino (6:7; 7:4). En 7:4 parece que el juicio consistirá en los pecados que lleva consigo la idolatría.

(b) *El formalismo religioso*. En los siglos VIII y VII a. de C., a pesar de la idolatría de Israel, continúan haciendo sacrificios a Jehová. Los profetas condenan esta hipocresía (Am. 4:4-5; 5:21-23; 8:3,5,10), pues mientras hacen sus sacrificios, se apresuran impacientes a seguir su mal camino; Dios no acepta tales sacrificios (Os. 5:6; 8:13), sino que exige la conducta justa más bien que el sacrificio (Am. 5:14-18; Os. 6:6; 8:11-13; Miq. 6:6-8; Is. 1:11-17; 58:1-5,13). En Jeremías se acentúa todavía más esta denuncia del formalismo religioso, denunciando: i) *la vaciedad de las ceremonias,* ya que confiaban en el Templo (7:4), en una adoración hipócrita, mientras cometían toda clase de pecados (7:8-12). Por lo tanto, ya pueden quebrantar las leyes del sacrificio, comiendo la carne del holocausto, porque ya no sirve para nada, mientras no escuchen la voz de Dios (7:21-23); ii) *el pecado radical de la desobediencia*. Lo que Dios requiere primordialmente es la obediencia (11:1-8). La circuncisión del israelita ya no vale nada cuando no hay obediencia; en su corazón, son iguales que los gentiles (9:25-26); iii) *la pura exterioridad de la religión*. Jeremías sabía que el Templo y su culto acabarían pronto; por eso acentúa la importancia de la religión del corazón. El pueblo de Dios ya no tendrá por qué hablar de los objetos del culto, como el Arca (3:16); sus sacrificios ya no serán sólo de animales, sino de *alabanza* (17:26, comp. con Hebr. 13:15). También profetiza el nuevo pacto, caracterizado por la ley escrita en el corazón (31:33, comp. con Ez. 36:26-28).

B)   *La injusticia social,* en sus aspectos de

(a')   *ostentación de opulencia y lujo fastuoso*. Amós da una descripción de los ricos holgazanes: Tienen dos casas ricamente adornadas (3:15), y celebran banquetes y fiestas con toda clase de pródigo dispendio en comida, bebida, música y perfumes (6:4-6). Su prosperidad es el resultado de

negocios sucios (Miq. 2:1-2; Is. 5:8). Las mujeres son la
personificación del orgullo y del derroche lujoso (Is. 3:18ss.)

(b') *la injuria, el latrocinio y la explotación.* Los profetas acusan a los ricos de oprimir al pobre (Am. 2:6-8; 8:4-6),
de pervertir la justicia (Am. 5:11-12), de ser acreedores
crueles (Miq. 2:8-9), y de practicar negocios fraudulentos
(Miq. 6:10-11). Los gobernadores son unos malvados (Miq.
3:1-3) y la injusticia infecta toda la sociedad (Is. 5:7-23;
33:15; 58:6-7,9-10; 59:1-7). En el período posterior, la
injusticia se generaliza (Jer. 5:1; 7:5-6). Abundan la codicia
(Jer. 6:13), el fraude (22:13), la traición (9:8), el robo, el
adulterio, la mentira y el homicidio (7:9). La predicción del
juicio divino viene a ser una amenaza constante (Jer. 5:29).
En Ez. 22:6-12, vemos cómo el pueblo está lleno de violencia,
de desprecio a los padres y al extranjero, a la viuda y al huér-
fano; de la profanación del santuario y del sábado, de inmoralidad de toda clase, de usura y de fraude. En Amós y Oseas,
se condena igualmente el robo, el homicidio y la mentira (Os.
4:2; 6:8; 10:4; 11:12; 12:1), así como el adulterio y los
pecados con él relacionados (Am. 2:7; Os. 4:2).

C) *El juicio divino.* Una conducta tan inmoral, resultado
del egoísmo y de la separación de Jehová, traerá sobre el
pueblo el juicio de Dios. Amós (3:2) pone el énfasis en la responsabilidad especial de Israel; Oseas (4:9) acusa a Israel
de su infidelidad al Esposo, quien, se ve obligado a castigarle
(V. también Is. 1:20; Miq. 3:12).

D) *La gracia regeneradora.* Este aspecto se muestra
especialmente en los profetas del 2.º período (fines del siglo
VII y siglo VI a. de C.), los cuales

(a") llaman al pueblo al arrepentimiento (Jer. 25:5;
Ez. 18:30-32;

(b") proclaman el perdón divino. Van más lejos que los
profetas del período anterior, profetizando el perdón para los
arrepentidos y el cambio interior que obrará Dios en Su
pueblo (Jer. 24:7; 31:34; Ez. 36:25-29).

CUESTIONARIO:

1. ¿Cuáles son los objetivos del ministerio de los profetas del Antiguo Testamento — 2. ¿Cuál es el mensaje distintivo de cada uno de los principales profetas del A.T.? — 3. Puntos éticos que destacan en la enseñanza profética. — 4. ¿Qué sesgo toma la denuncia profética en Jeremías y en Ezequiel? — 5. ¿Qué motivos de consuelo y de esperanza aportan estos dos profetas?

Tercera parte

Etica del
Evangelio

LECCION 11.ª LA ENSEÑANZA ETICA DEL SEÑOR JESUCRISTO (I)

1. Relación entre la Etica de Cristo y la del Antiguo Testamento

Es imposible comprender el significado de la enseñanza de Cristo si se considera aparte de su fondo histórico y religioso. Por tanto, al hablar de la Etica de Cristo, hemos de considerar:

A) *Su relación con la Ley.* Jesús dijo que había venido a cumplir la Ley, no a abrogarla (Mt. 5:17; Lc. 16:17). "Cumplir —dice J.F.A. Hort— significa completar en su plenitud, implicando un progreso; no significa guardar una cosa en el mismo estado que antes"[1]. Jesús cumplió la Ley en su vida perfecta; en su muerte, cumpliendo una vez para siempre sus aspectos ceremoniales y clavando en la Cruz cuanto en la Ley era instrumento de condenación para nosotros (Col. 2:14) y muro de separación entre judíos y gentiles (Ef. 2:14-15); y en su enseñanza ética, que reafirmaba el espíritu de la Ley, haciendo resaltar sus más profundas implicaciones (V. Mt. 7:12). "Lejos de abrogar la Ley —dice E.F. Scott— el Señor exigía de sus discípulos una obediencia a ella que sobrepasaba la de los escribas y fariseos (Mt. 5:19-20)"[2] Compárese el caso del joven rico (Mt. 19:19),

---

1. En **Judaistic Christianity, p. 15.**
2. En **The ethical teaching of Jesus,** p. 31. Más adelante (lección 20.ª), hablaremos del sentido en que podemos decir si la Ley nos obliga o no.

quien, sin embargo, había en realidad olvidado cumplir el primer mandamiento, al hacer un ídolo de sus posesiones, puesto que le impidieron seguir al Enviado de Dios.

Jesús restauró la ley moral a su justo lugar. Quitó lo que los hombres habían añadido, y que muchas veces destruía el efecto de la Ley y oscurecía sus auténticas demandas, como en el caso del *Corbán* (Mt. 15:1-9; Mc. 7:8-13). Desde el punto de vista de la misma Ley, restauró el énfasis donde era debido, en los puntos más importantes, los cuales pasaban desapercibidos a causa del desmedido interés que los escribas mostraban por nimios detalles (Mt. 23:23), aunque Cristo no despreciaba estos detalles. En el caso del Sábado, el Señor demuestra la relevancia de la salvación y la mayor importancia de los deberes morales en comparación con los ceremoniales (Mt. 12:1-12). En los "dos grandes mandamientos" destaca los principios fundamentales de la Ley (Mt. 22: 37-40). En el Sermón de la Montaña enseña la profundidad de la ley moral, la cual tiene que ver no sólo con las acciones, sino también con el pensamiento y con los deseos, de forma que la ira y la lascivia de una mirada equivalen al homicidio y al adulterio respectivamente. Como ya hemos dicho en otro lugar, ataca a las *raíces* del pecado y no sólo a los *frutos* del pecado. "El Sermón del Monte —dice C.F.H. Henry— es la exposición última y más profunda de la Ley".[3]

B) *Su relación con los Profetas.* Jesús vincula la Ley con los Profetas en puntos de ética (Mt. 5:17; 22:40). Es evidente que considera que los profetas confirmaron la enseñanza de la Ley, y que El mismo posee el ministerio profético, llamando al pueblo de Dios a volver a los principios morales de la Ley (por ej. Mt. 23:23, que recuerda el espíritu de Oseas 12:6; Miq. 6:8).

C) *Su originalidad.* Muchos escritores, notando puntos de comparación, no sólo con la Ley y los Profetas, sino también con los escritos rabínicos del período intertestamen-

---

3. **O. c.,** p. 316.

tario, han dudado de la originalidad de la Etica del Señor.
Pero, mientras en los escritos rabínicos, las joyas se tienen que
buscar entre mucha paja, toda la enseñanza ética de Cristo
se distingue por su profundidad, claridad e importancia. El
escritor judío Klausner ha llegado a confesar: "Un hombre
como Jesús, para quien el ideal ético lo era todo, resultaba
algo inaudito para el judaísmo de aquellos tiempos".[4] Su
originalidad se destaca además en los siguientes aspectos:
(a) *su universalismo.* En contraste con los rabinos, Cristo no
limita su enseñanza al judaísmo (Mt. 5:45); (b) *su ausencia
de legalismo.* Da toda la importancia al espíritu de la Ley,
condenando el legalismo de los fariseos, es decir, la observancia mecánica como medio de adquirir mérito; (c) *su actitud hacia las mujeres.* Respeta la personalidad de la mujer
y su posición en la sociedad. Mención especial merece su
comportamiento con la mujer samaritana (Jn. 4:7-27): ¡con-
versar en público con una mujer, y samaritana, cuando los
judíos no dirigían la palabra en la vía pública a una mujer,
ni siquiera a su esposa!

2. Lugar de la Etica de Cristo en el Evangelio cristiano

C.H. Dodd distingue, en el Nuevo Testamento, entre el
"*kerygma*" (predicación, en sentido de *proclamación*) de la
redención de Cristo, y la "*didaché*" (en el sentido de *enseñanza* ética), la cual se basa en el "*kerygma*". Este orden corresponde al del Antiguo Testamento, donde la proclamación
de los actos redentores de Dios es seguida de sus exigencias
éticas. En la Biblia, la ética siempre tiene un fundamento
religioso. Cristo enseñaba con una autoridad divina (Mt.
7:28-29), empleando la forma imperativa (Jn. 13:34), de
manera que los apóstoles pudieron hablar de la "*Ley de
Cristo*" (1.ª Cor. 9:21; Gál. 6:2; Sant. 1:25, quien la llama
"*la perfecta ley, la de la libertad*"). Exigía, pues, la obedien-

---

4. En **Jesus of Nazareth.**

cia, aunque sin legalismo; sus mandamientos son para los que le aman (Jn. 14:15). Esta obediencia tenía su fundamento en una relación personal con El.

Aunque los escribas quieren muchas veces sacar de El un pronunciamiento de índole jurídica, El nunca lo da, porque, como dice T.W. Manson, "se preocupa más de las fuentes de la conducta que de los actos externos".[5] El exige la renovación interior. Lo que sale del corazón del hombre es lo que contamina al hombre (Mt. 15:18-20), y por lo tanto es el corazón lo que hay que renovar. Los que en su conducta siguen el ejemplo del Padre, ésos son sus hijos (Mt. 5:44-48), lo cual implica la necesidad de un cambio radical en el hombre, que Jesús describe como un "nacer de nuevo", sin lo cual *nada* es posible en el reino del espíritu (comp. con Jn. 15:5; 1.ª Cor. 2:14; Ef. 2:1ss.). "Lo que está formulando Jesús —dice T.W. Manson— no es un ideal abstracto de la justicia de por sí, sino la vida a la cual están llamados los hombres en respuesta al amor redentor de Dios, y como hijos de Dios y partícipes de su Espíritu".[6]

3. Su relación con la enseñanza del Reino de Dios

Al tratar de este punto, debemos exponer las distintas teorías que se han formulado:

A') *Teoría de la "Etica del ínterin"*. Según esta teoría, creyendo Cristo que la venida del Reino era inminente, enseñaba una Etica de carácter ideal para el corto intervalo que mediaba entre su ministerio y el advenimiento del Reino de Dios. Por ello, pone el énfasis en la necesidad del arrepentimiento y en la renuncia a las cosas de este mundo. De esta manera, según la opinión de J. Weiss, no se trata tanto de una Etica como de una disciplina penitencial. Según A. Schweitzer, "toda la Etica se presenta bajo el concepto del

---

5. En **The teaching of Jesus,** p. 301.
6. En **Christ's view of the Kingdom of God,** p. 87.

arrepentimiento, es decir, de la penitencia por el pasado y de la determinación de vivir de ahí en adelante liberado de todo lo que es de este mundo, apoyados en la esperanza del Reino mesiánico".[7] Para apoyar esta teoría, se cita Mt. 24: 34. En vista de la inminencia del Reino, se considera que Jesús enseñaba una actitud negativa hacia este mundo, la familia, la propiedad, las riquezas, etc., con una ausencia total de interés por el futuro y por el comportamiento social. Weiss cree que la motivación de la obediencia es asegurarse un lugar en el Reino de Dios para uno mismo, más que beneficiar a los demás. La teoría pretende explicar la altura y la perfección "imposible" de la enseñanza ética de Cristo, ya que era formulada para un corto período.

Observó C.W. Emmett [8] que "donde se presenta el motivo escatológico y su énfasis en la falta de tiempo, el contenido de la enseñanza carece de un carácter extraordinario; por otro lado, donde el contenido de la enseñanza podría considerarse como determinado por una mentalidad escatológica, el motivo escatológico brilla por su ausencia". Por ejemplo, el Sermón de la Montaña, que sería "ética del ínterin" por excelencia, no menciona para nada la inminencia del Reino. La teoría no tiene en cuenta la continuidad de la Etica de Cristo con la del Antiguo Testamento, donde la posibilidad del juicio era siempre inminente, y el propósito divino del establecimiento del Reino entre el pueblo de Dios era igualmente presente. Un examen de los evangelios desmiente también la teoría. Si en Lc. 14:26, exhorta Jesús a la renuncia a la familia, en Mt. 15:1-9 condena a los que buscan modos de esquivar sus responsabilidades familiares; si en Mt. 6:16-17 dice cómo deben sus discípulos ayunar, en Mt. 9:15 explica que el tiempo de su ministerio en la tierra no es el momento propicio para ayunar. Su propia participación en fiestas y convites (Mt. 9:10; Mc. 14:3; Lc. 7:36) ocasionó la acusación farisaica de que era "glotón y bebedor" (Mt. 11:17-19)

7. V. R.N. Flew, Jesus and His church, p. 43.
8. En The Expositor, año 1912, p. 429.

y la queja de que sus discípulos no ayunaban. Enseña, sí, la necesidad de la renuncia por amor al reino de los cielos (Mt. 19:21; Lc. 14:26,33), y la posible renuncia de las ocasiones de caer (Mt. 18:7-9), pero no se trata de una renuncia general a toda responsabilidad humana. En cuanto a la pretendida falta de interés en la ética social, mientras Jesús se abstiene de formular reglas concretas sobre las relaciones humanas, enseña principios espirituales capaces de aplicarse a diversas estructuras sociales, notablemente el del servicio a los demás (Mc. 10:42-45). El "problema" del elevado carácter de su enseñanza se basa en un criterio subjetivo. Observa A. R. Osborn que "una ley que no es observada, no por eso es no-práctica".[9] El Señor es consciente de la altura de su enseñanza (Mt. 5:20,48), pero espera que sus discípulos la practiquen (Mt. 28:19-20). No es para todos: sólo el buen árbol puede dar fruto (Mt. 5:17; 12:33); sólo los pámpanos que forman parte de la vid pueden dar el fruto (Jn. 15:4-5). Se considera que Mt. 5:39-44; Lc. 6:35 exhortan a un altruismo exagerado. Pero hay que tener en cuenta otras facetas de su enseñanza: el discípulo debe dar porque es hijo del Padre que da (Mt. 5:44-45), y porque no tiene necesidad de preocuparse por lo material, como hacen los que no son del pueblo de Dios (Mt. 6:31-33). Se le acusa también de una mansedumbre extrema (Mt. 5:39; 18:21-22), pero mientras prohibe la venganza personal, El mismo da el ejemplo en cuanto a la oposición al mal (por ej. Mt. 23; Mc. 3:5; 10:14; 11:15-17). El procedimiento que propone para la disciplina de un hermano ofensor, es del todo equilibrado (Mt. 18:15-17). Según la "ética del ínterin", el móvil de la conducta es básicamente egoísta (la propia salvación); pero la misma teoría admite que la enseñanza de Cristo es, en realidad, todo lo contrario, al acusarla de extremo altruismo.

B') *La Etica del Reino futuro.* Esta teoría afirma que la enseñanza ética de Cristo se aplica al Reino de Dios, el

9. **O. c.,** p. 102.

cual aún no ha venido. Va asociada al nombre de M. Dibelius, quien declara: "La enseñanza de Cristo es la pura voluntad de Dios sin ninguna referencia a la posibilidad de su cumplimiento en la era presente". Es muy semejante la interpretación dispensacionalista del Sermón de la Montaña: "No tenemos que caer en el error de procurar forzar un cumplimiento literal del Sermón de la Montaña hoy día. Será cumplido de manera literal, pero sólo al llegar a su fin la época en la cual vivimos, y cuando el Señor Jesús se ocupe de Su Pueblo Israel."[10] Esta interpretación, apoyada por C.I. Scofield y L. S. Chafer, considera que el Sermón de la Montaña es una ley que no se puede aplicar en la "era de la gracia". Estas interpretaciones pasan por alto el hecho de que Cristo se dirigía a sus discípulos (Mt. 5:1-2) y se refiere a menudo a situaciones que sólo pueden ser de este mundo, no del milenio ni de cualquier Reino divino venidero; por ej. la persecución por causa de la justicia, los que hieren, ponen a pleito y obligan a llevar carga.[11]

C') *La Etica del Reino futuro con validez actual.* Es una modificación de las teorías anteriores, según la cual se procura salvar el valor de la Etica de Cristo, a pesar de que Él la formuló con miras a una escatología inminente. Su autor es Paul Ramsey, quien la expone en *Basic Christian Ethics* (a. 1953): Una parte de la enseñanza ética de Cristo es inseparable de su esperanza en la venida del Reino durante la generación posterior a la suya, pero el resto se puede aceptar como válido, porque "la génesis (de una enseñanza) no tiene nada que ver con su validez",[12] aunque con modificaciones en vista del cambio de contexto. El presupuesto básico de la

---

10. Así dice D.G. Barnhouse, en **His own received Him not, but...,** p. 40, citado por Henry, o. c., p. 287.

11. Sin embargo, hay notables diferencias entre el Sermón de la Montaña y la enseñanza apostólica posterior a Pentecostés, que expondremos en la lección 20.ª, y que tienen su explicación sin tener que recurrir a la interpretación dispensacionalista.

12. **O. c.,** p. 35.

teoría ya ha sido rechazado en el apartado A'). El procedimiento de adaptación que resulta necesario al aceptar tal presupuesto, ha de caer forzosamente en la subjetividad, y el
producto es una Etica algo menos que cristiana.

D') *La Etica del Reino de Dios como realidad presente.*
T.W. Manson expone tres aspectos del concepto del Reino en
la enseñanza de Cristo, a saber: (a) la soberanía eterna de
Dios; (b) el Reino como manifestación presente en la vida de
los hombres; (c) la consumación final del Reino en la "*parusía*".[13] Los dos últimos se pueden considerar como manifestaciones del primero, el cual presta a la enseñanza ética de
Cristo un carácter absoluto.

Por medio de una cuidadosa comparación de versículos,
destaca Manson que en la primera parte de su ministerio, el
Señor hablaba del Reino venidero, mientras que en la segunda
hablaba de personas que entraban en el Reino. El punto crí-
tico de distinción entre las dos partes, lo encuentra Manson
en la confesión de Pedro reconociendo al Señor como Mesías
e Hijo de Dios. Esta confesión "fue, en efecto, el reconocimiento del Reino en la persona de Jesús como Rey; y con
aquel reconocimiento se puede decir que el Reino había
venido". Esto significa que el Reino consiste en una relación
personal entre el Rey y el súbdito individual, y de aquí resulta
también que el Reino es una sociedad de un cierto número de
personas que están en relación con el Rey ("*el Reino de Dios
entre vosotros —o dentro de vosotros— está*" Lc. 17:21).
A este concepto se le ha llamado "escatología realizada".
Mientras en este sentido el Reino de Dios es *ya* presente, en
otro sentido (el *todavía no,* que dice O. Cullmann) es futuro,
porque tendrá su consumación en la *Parusía.* En su aspecto
presente, se puede decir que la Etica de Cristo es la Etica
del Reino, ya que sus normas se aplican únicamente a los

---

13.   V. T.W. Manson, **The teaching of Jesus,** cap. V.

miembros del Reino, o sea, a los que tienen una relación personal con El, y en quienes mora su Espíritu. "Su enseñanza moral —dice Manson— es el camino del Reino, la manera en que la voluntad de Dios puede ser hecha en la tierra como es hecha en los cielos, la manera en que los súbditos del Reino celestial pueden demostrar su lealtad a El por su obediencia a Su voluntad."[14]

4. Enseñanza de Jesús acerca de las recompensas

En la lección 19.ª, punto 6, tratamos en general de la diferencia entre el concepto de *mérito* y el de *recompensa*. Ciñéndonos ahora a la enseñanza de Jesús, nos encontramos en los antípodas de la ética del mérito, a Spinoza, Kant, los utilitarios, y más recientemente N. Soderblom, quienes han acusado a la Etica cristiana de egoísmo, por las promesas de recompensa que hace Cristo. [15] Además de las que promete en las bienaventuranzas (Mt. 5:3-11), dice que serán recompensados: el servicio por El (Mc. 10:29-30), la caridad (Lc. 14: 13-14), la humildad (Lc. 14:10-11), el amor a los enemigos (Lc. 6:35), el perdón (Mt. 6:14), la devoción secreta (Mt. 6: 18). La crítica pretende que siempre es mala la esperanza de una recompensa, pero seguramente depende de la clase de recompensa. En casi todos los casos del Nuevo Testamento, se trata de una recompensa celestial, espiritual, que no tiene atractivos para el espíritu egoísta. Además es ofrecida a todos, sin rivalidades ni competencias, y no será *merecida,* sino *recibida de pura gracia* (Lc. 17:10), y dada por amor (Jn. 14: 21). El propósito de Cristo no es atraer a los hombres con

---

14. **Ibidem.**

15. Más detalles sobre la legitimidad del deseo de recompensa, fundado en la esperanza, en la lección 24.ª, p.º. 1.

promesas de galardones, porque también promete sufrimientos, sino animar a sus seguidores. [16]

CUESTIONARIO:

1. Relación de la Etica de Cristo con la Etica del Antiguo Testamento. — 2. La originalidad de la Etica de Cristo. — 3. Lugar de la Etica de Cristo en el "kerygma" y en la "didaché" del Nuevo Testamento. — 4. Diversas teorías acerca de la enseñanza de Cristo sobre el Reino de Dios y la Etica que le corresponde. — 5. ¿Es egoísta la Etica cristiana en su concepto de recompensa?

---

16. Sobre toda esta lección, V. también, además de los autores citados, L. Dewar, **o. c.**, pp. 13-30, 48-50, 55-61; L.H. Marshall, **The challenge of New Testament Ethics**, caps. I y VI; J. Murray, **Principles of Conduct**, cap. VII; J.W. Wenham, **Our Lord's view of the Old Testament**, pp. 15-19.

LECCION 12.ª LA ENSEÑANZA ETICA DEL SEÑOR JESUCRISTO (II)

5. Forma de la enseñanza ética de Jesús

Aunque la enseñanza ética de los evangelios se encuentra a veces en forma recogida, como una colección de diversas enseñanzas (por ej. Mt. caps. 5 al 7), no presenta nunca un Manual de Etica, y sería equivocado cualquier intento de formulación de un sistema. Las enseñanzas éticas de Jesús son dadas, en su mayor parte, en respuesta a preguntas o situaciones ("¿Quién es mi prójimo?", "¿Cuál es el mayor mandato de la Ley?", etc.). De ahí que generalmente presentan un solo aspecto de la verdad, adecuado para una determinada situación. Además, "Jesús se deleitaba en expresar Su pensamiento de la manera más aguda, y generalmente acompañado de una pizca de paradoja o exageración".[17] A menudo usa lenguaje simbólico, tan del gusto de la mentalidad oriental. "Cristo hablaba a públicos semitas —dice L. Dewar—, y a la mente semita le era cosa desconocida el literalismo, tal como lo entendemos en Occidente. Si no quería ser mal entendido por sus oyentes, se veía obligado a emplear formas de lenguaje simbólicas... Al menos en un caso, reprendió de un modo explícito a sus discípulos por haberle interpretado de manera literal (Mt. 16:6-12)."[18]

---

17. E.F. Scott, **The ethical teaching of Jesus,** p. 27.
18. **O. c.,** pp. 52-53.

6. Enseñanza ética positiva de Jesús

C.A.A. Scott, en *New Testament Ethics*, distingue tres clases de enseñanzas en los evangelios: los *mandata* o mandamientos básicos; los *exempla* o ejemplos, ilustraciones y aplicaciones de los mismos; y los *consilia*, o consejos dados a personas particulares en situaciones determinadas.

A) *Mandamientos:*

(a) *"Amarás al Señor tu Dios... Amarás a tu prójimo..."* (Mt. 22:37-40). Scott no encuentra otro mandamiento absoluto que éste, el cual es la base y el resumen de la enseñanza ética de Cristo en sus dos aspectos: amor a Dios, y al prójimo. El mismo Cristo dice que de ellos depende toda la ley y los profetas. El amor es en primer lugar el reconocimiento de la existencia y de los derechos del amado. En segundo lugar, el amor tiene en cuenta el bien del amado en cualquier decisión en cuanto a la conducta; y en tercer lugar, es una sincera preocupación por, y hasta una identificación con, los intereses del amado. Este es el sentido de la *agape* cristiana, a diferencia del *eros* sensual y de la *philía* amistosa. Este amor, *agape,* cristiano, puede mandarse como obligatorio, incluso con referencia a los enemigos, ya que no depende primordialmente del sentimiento ni de la emoción. Las dos partes del mandamiento se encuentran ya en la ley mosaica (Deut. 6:5; Lev. 19:18), pero el Señor demuestra por primera vez la conexión entre las dos. L.H. Marshall [19] considera que se deben incluir también en este grupo los mandatos siguientes:

(b) *"Todas las cosas que queráis que los hombres hagan con vosotros, así también haced vosotros con ellos; porque esto es la ley y los profetas"* (Mt. 7:12). Se trata de una ampliación del "amarás a tu prójimo como a ti mismo". Tenemos que ponernos en el lugar del prójimo, para comprender sus pensamientos y sentimientos. La llamada "regla de oro"

---

19. **O. c.,** cap. IV.

había sido enseñada en forma *negativa* por el rabino Hillel, como aparece también en Confucio y en la *Didaché* o *"Enseñanza de los doce apóstoles"*, documento eclesiástico de principios del siglo II. Al convertirla en precepto *positivo*, el Señor la extiende a todos los aspectos de la vida.

(c) *"Arrepentíos"* (Mc. 1:15). La *metánoia* (que es el término griego que solemos verter por "arrepentimiento") es más bien un *cambio de mentalidad:* implica el renunciar al amor a sí mismo —eje de la conducta egocéntrica del hombre caído— por el amor de Dios. No es un *acto* momentáneo, sino una *actitud* de constante transformación (Rom. 12:2).

(d) *"No juréis en ninguna manera... Pero sea vuestro hablar: Sí, sí; no, no; porque lo que es más de esto, de mal procede"* (Mt. 5:34-37). Se trata del juramento como instrumento de la insinceridad, para hacer creer falsas afirmaciones. El Señor está enseñando aquí la importancia de la sinceridad en el hablar, que no debe necesitar de ningún juramento para que se le dé crédito. No se trata de una denuncia literal de toda declaración solemne.

(e) *"No resistáis al que es malo"* (Mt. 5:39). Es una revisión que el Señor hace de la ley del talión. El griego *to poneró* puede ser masculino o neutro, de modo que puede traducirse de tres maneras: *al mal, al malo,* o *al Maligno.* Se puede descartar el último por su evidente contrasentido, ya que al Maligno, o sea, al diablo, hay que resistirle (Sant. 4:7; 1.ª Ped. 5:9); de los dos primeros, *al malo* es más comprensible de acuerdo con el contexto, que trata de personas. Tenemos que guardarnos de una interpretación demasiado literal, ya que Cristo mismo resistió al malo, o al mal, hasta físicamente, como en el caso de la purificación del Templo. El contexto de la ley del talión indica que está enseñando a sus discípulos que renuncien a todo deseo de venganza, como por ejemplo el que demostraron al querer hacer bajar fuego sobre la aldea samaritana que no les recibió, lo cual el Señor no les permitió (comp. con Rom. 12:17-21). Otra indicación de que el Señor no está enseñando la pasividad absoluta, es el consejo que da en Lc. 22:36. Nótese que en Mt. 26:52 se refiere al uso injusto de las armas.

(f) *"Amad a vuestros enemigos"* (Mt. 5:44). El griego *echthroí* significa enemigos personales. El mandamiento, juntamente con el resto del discurso, se aplica a las relaciones personales, más que a la política nacional o internacional. Es una ampliación del "amarás a tu prójimo", en el mismo espíritu que el "no resistáis al malo".

(g) *"No os hagáis tesoros en la tierra...; sino haceos tesoros en el cielo"* (Mt. 6:19-21; Lc. 12:33ss.). Compárese con la parábola del rico necio: *"Así es el que hace para sí tesoro, y no es rico para con Dios"* (Lc. 12:21). La explicación sigue en Mt. 6:24.

(h) *"Buscad primeramente el reino de Dios y su justicia"* (Mt. 6:33).

B) *Ejemplos:*

Después de enseñar un principio general (mandato), a veces el Señor da un ejemplo concreto de su aplicación. Así, después del mandamiento *"no resistáis al malo"*, da cuatro ejemplos, que no son reglas, sino casos del modo en que actúa el espíritu no vengativo.

(a') *"A cualquiera que te hiera en la mejilla derecha, vuélvele también la otra"* (Mt. 5:39). Quiere decir: no repliquéis al insulto con insulto, bajando al mismo nivel del adversario (comp. con 1.ª Ped. 2:23).

(b') *"Al que quiera ponerte a pleito y quitarte la túnica, déjale también la capa"* (vers. 40). El deseo de venganza se ha de suprimir hasta el punto de estar dispuesto no sólo a perder lo que es nuestro, sino a dar más.

(c') *"A cualquiera que te obligue a llevar carga por una milla, vé con él dos"* (vers. 41). Se refiere al derecho de los soldados romanos de obligar a cualquier persona civil a acompañarles. Aquí la idea es: haced más que el puro deber.

(d') *"Al que te pida, dale; y al que quiera tomar de ti prestado, no se lo rehúses"* (vers. 42). Recordando el contexto, se ha sugerido que el motivo para negar el donativo o el préstamo podría ser el afán de vengar algún antiguo agravio. Deut. 15:7-11 ya recomendaba el espíritu generoso.

C) *Consejos:*

(a") *"Anda, vende todo lo que tienes, y dalo a los pobres"* (Mc. 10:21). Esto no es un mandamiento general, sino un consejo para un hombre que era esclavo de sus posesiones. Para él era imposible ser discípulo de Jesús, sin romper antes su servidumbre, deshaciéndose de sus riquezas.

(b") *"Cuando tú des limosna, no sepa tu izquierda lo que hace tu derecha"* (Mt. 6:3). Es un consejo para una situación determinada.

(c") *"No juzguéis, para que no seáis juzgados"* (Mt. 7: 1). No enseña la tolerancia del mal, sino que amonesta contra la actitud hipercrítica para con los demás, por parte de quienes deberían primero juzgarse a sí mismos (V. vers. 3-5).

7. Enseñanza ética negativa de Jesús

Los pecados que condena Cristo se pueden dividir en cuatro clases:

A') *El desordenado amor a sí mismo.* "Ama a tu prójimo *como a ti mismo*" implica que cierto amor a sí mismo no es malo, ya que Dios ha creado en los hombres un legítimo instinto de autoconservación. El pecado consiste en amarse a sí mismo más que a Dios y que al prójimo. Entonces, así como el amor a Dios y al prójimo es la raíz de la buena conducta, así también el desordenado amor a sí mismo es la raíz de la mala conducta, del pecado, como en el caso del rico necio. Al contrario, el discípulo de Cristo ha de negarse a sí mismo (Mt. 16:24), lo cual significa "tomar su cruz", "perder la vida por causa de Mí". La misma *metánoia,* como hemos dicho, implica el radical cambio de mentalidad que subordina el interés propio al amor para con Dios y los demás. V. también Lc. 14:11; 17:33.

B') *Los pecados de la carne.* Una mirada superficial a los evangelios podría dar la impresión de que el Señor daba menos importancia a estos pecados que el apóstol Pablo. Comía con pecadores de todas clases y fue poco severo con la mujer adúltera. Hay que tener en cuenta que enseñaba a judíos, los cuales tenían unas normas de moral mucho más altas que los gentiles a los cuales enseñaba Pablo. En segundo lugar, parece que el Señor consideraba como más grave el orgullo de los fariseos que los pecados de aquellos a quienes los fariseos despreciaban, pero el caso es que mientras el publicano o la mujer pecadora reconocían su pecado, el fariseo se creía justo y necesitaba que Jesús le indicara su verdadera situación espiritual (Lc. 18:9-14). Pero no es que fuera indulgente con los pecados de la carne. A la adúltera le dijo: "No peques más". En Mt. 6:27-30, enseñó que una mirada concupiscente equivale a un adulterio, y recomendó las medidas más drásticas para suprimir la ocasión de pecado. Estos pecados están a la cabeza de la lista de las cosas que salen del corazón del hombre (Mc. 7:21).

C') *Los pecados del espíritu.* Jesús condena en los términos más fuertes el orgullo en sus diversas formas; sobre todo, en la persona de los fariseos, quienes "hacen todas sus obras para ser vistos por los hombres" (Mt. 23:5, V. todo el capítulo), y criticaban a los demás (Mt. 7:3). En la lista de Mc. 7:21-23, de los 13 pecados mencionados, más de la mitad pertenecen al espíritu. Son:

(a) *hoi dialogismoí hoi kakoí* (malos pensamientos). Se trata de las malas intenciones deliberadas.

(b) *pleonexía* (avaricia): la valoración excesiva de las posesiones materiales, como, por ejemplo, la que impidió al joven rico seguir a Jesús.

(c) *poneríai* (maldades): el odio en el corazón.

(d) *dolos* (engaño).

(e) *ophthalmós ponerós* (envidia): los celos.

(f) *blasphemía* (maledicencia): el lenguaje abusivo, como el que cita el Señor en Mt. 5:22.

(g) *hyperephanía* (soberbia): arrogancia, el pecado de los fariseos.

(h) *aphrosyne* (insensatez): la perversidad moral deliberada.

D') *Pecados de tipo religioso:*

(a') *La inhumanidad* en las prácticas religiosas: El Señor condenó la actitud de los fariseos respecto a la ley del sábado, porque les llevaba a la inhumanidad, citándoles las palabras de Oseas *"misericordia quiero y no sacrificio"* (Mt. 12:7); rechazó la crítica que le hacían por asociarse con pecadores (Lc. 7:44-47); condenó la costumbre del "corbán", como un modo de eludir las obligaciones para con sus padres (Mt. 15:1-9).

(b') *La ostentación religiosa.* En Mt. 7 condena la limosna, la oración y el ayuno hechos en público con el propósito de ganarse la admiración de los hombres. Recomienda la devoción secreta.

(c') *La opresión.* Condenó la ganancia por medio de la religión, cuando purificó el Templo, y acusó a los escribas de robar a las viudas (Mc. 12:40).

(d') *La hipocresía* (Esta palabra debe su origen al griego *hypokrínomai* que significa replicar en el teatro, representar en escena, desempeñar un papel, fingir. De ahí que *hipócrita* significa comediante). El Señor la llama *ceguera* ("guías ciegos" —Mt. 23:16,24; "ciegos" —Mt. 23:17,19,26). Los fariseos se habían engañado a sí mismos, pensando que eran justos por sus muchas obras. El Señor quiere mostrarles la inconsecuencia de su conducta (Mt. 23:16ss.). Como dice L.H. Marshall, "Era el producto de un falso concepto de la religión, que ponía el énfasis en el rito más que en la vida, en la letra más que en el espíritu, en la tradición y en la costumbre más que en la verdad".[20] Su culpa consistía en su insistencia en que tenían razón (Jn. 9:41).[21]

CUESTIONARIO:

1. ¿Qué forma adoptan las enseñanzas éticas de Jesús? — 2. ¿Cómo pueden dividirse las enseñanzas éticas de Jesús? — 3. ¿Cuáles son los diferentes tipos de su enseñanza positiva? — 4. ¿En qué clase de pecados se centra principalmente su enseñanza ética negativa?

---

20. O. c., cap. II, al final.
21. V. también C.A.A. Scott, **New Testament Ethics,** caps. I-III; L. Dewar, o. c., pp. 30-48, 52-55, 62-98; A.R. Osborn, **Christian Ethics,** cap. IX.

LECCION 13.ª PRINCIPIOS DE ETICA PAULINA (I)

1. Características de la ética paulina

Pablo es el gran heraldo de Cristo y el más grande testigo del Evangelio de gracia. Sus actividades apostólicas cubren más de la mitad del libro de Hechos de los Apóstoles, y su producción literaria inspirada ocupa la mitad de los libros del Nuevo Testamento. El es el gran teólogo de los dos conceptos básicos que integran el Evangelio: la justificación por la fe y la unidad de todos los creyentes en el Cuerpo de Cristo, que es la Iglesia. De estas dos grandes verdades deduce Pablo todo el cuerpo de enseñanzas éticas que constituyen los principios normativos del cristiano, como veremos en las dos restantes Partes de este volumen.

No era intención de Pablo, como tampoco lo había sido la de Cristo, exponer un sistema de ética, sino que aplicaba los principios éticos del Evangelio a problemas y situaciones concretas (por ej. 1.ª Cor. 5, sobre el caso especial de inmoralidad, y 2.ª Tes. 3:8ss., sobre los que abandonaban el trabajo por un malentendido acerca de la *Parusía*). En ocasiones, tiene que contestar a preguntas sobre cuestiones de ética (1.ª Cor., caps. 7 y 8). Así que, a veces repite cosas obvias (Ef. 4:28), a veces da masticados asuntos de menor importancia (2.ª Cor. 8:9ss.). En general, su enseñanza ética es más detallada y concreta que la de Cristo. Sin embargo, no es un innovador, sino que aplica la enseñanza del Maestro y del Antiguo Testamento a los creyentes de su tiempo. En algunos pasajes, su estilo recuerda el de la Ley o de Proverbios en las listas de sus exhortaciones (por ej. Rom. 12; 1.ª Tes. 5:12-22). Podríamos resumir los aspectos más destacados de su enseñanza, diciendo que su Etica es:

A) *Más teológica que humanista.* Lo cual se nota:

(a) *en la forma didáctica de sus epístolas,* donde a las normas éticas siempre precede la doctrina. Así, a las normas de Rom. caps. 12-15, precede la doctrina de caps. 1-11; a las normas de Gál. caps. 5-6, precede la doctrina de caps. 1-4; a las normas de Ef. 4-6, precede la doctrina de caps. 1-3. Hasta la estructura interna de los capítulos (por ej. 1.ª Cor. 15:1-57, seguidos del vers. 58) y de los versículos (1.ª Cor. 6:20), sigue este patrón. Esto demuestra que, para Pablo, la Etica se basa necesariamente en la Teología.

(b) por consiguiente, *en la potencialidad vital que adscribe a la Teología como fuente de la conducta cristiana.* La conducta cristiana tiene por objetivo actualizar en la vida lo que ya se ha realizado teológicamente: el cristiano está ya separado y justificado (1.ª Cor. 6:11) y es una "nueva creatura" (2.ª Cor. 5:17; etc.) que está "en Cristo" (expresión que Pablo usa 164 veces). Estas realidades teológicas deben realizarse en la conducta del creyente, pues éste es el sentido del término *santificación* en Pablo. Por eso, una teología falsa conduce a una mala actitud ética: la idolatría produce la perversidad moral (Rom. 1:28); la negación de la resurrección, la carnalidad (1.ª Cor. 15:32); etc. En cambio, si tenemos un concepto ortodoxo sobre el carácter santo de Dios y sobre Cristo como imagen del Dios invisible, según inculca Pablo, entonces la ética cristiana viene a ser la imitación de Cristo (1.ª Cor. 11:1). Esta es la base de las exhortaciones paulinas al amor (Ef. 5:2), a la humildad (Flp. 2:4ss), a ser considerados con los demás (Rom. 15:1-3), a la generosidad (2.ª Cor. 8:9, comp. con 2.ª Cor. 9:7-15; Ef. 4:32).

B) *Más espiritual que legalista.* Como ya vimos en la lección 8.ª, pº 4, Pablo enfatiza las limitaciones de la Ley (Rom. 7:7ss.; 2.ª Cor. 3:6; Gál. 2:16; 3:19,24; Flp. 3:4-6).

Sólo el Espíritu de Dios puede hacer que el hombre viva con rectitud moral (Rom. 7:6; 2.ª Cor. 3:6; Gál. 3:2-5; Flp. 3:9). El cristiano tiene que andar en el Espíritu (Gál. 5:25), ser guiado por El (Rom. 8:14), dejarse llenar del Espíritu (Ef. 5:18). Las buenas obras son *fruto* del Espíritu (Gál. 5:22-23), y el ministerio del Espíritu es *ministerio de justicia* o rectitud moral (2.ª Cor. 3:9 *"dikaiosyne"*, no *justificación,* como equivocadamente traduce la versión R.V. de 1960), en contraste con *el ministerio de muerte* de la Ley (vers. 7).

C) *Más disciplinada que "ascética".* Pablo enseñaba la disciplina y el dominio propio, pero no el "ascetismo" en su forma extrema de castigo corporal (V. Col. 2:20-23). Igualmente, la necesaria separación del mundo no es para Pablo un alejamiento físico (1.ª Cor. 5:10), sino una actitud mental y espiritual (Col. 2:1-3). Pablo compara al cristiano a un soldado y a un atleta, para subrayar la necesidad de una sana disciplina en todos los aspectos de la vida (1.ª Cor. 9:24-27; 2.ª Cor. 10:3-6; Ef. 6:10-17; Flp. 3:14; 1.ª Tim. 1:18; 2.ª Tim. 2:3-5; 4:7), y enseña que todos, sea cual sea su estado, tienen que vivir con miras al Cielo (1.ª Cor. 7:29-31; Col. 3:1-3).[22]

2. Bases teológicas de la ética paulina

Como dice L.H. Marshall, "Antes, Pablo había supuesto que debía ser bueno para gozar de la comunión con Dios. Después descubrió que sólo por la comunión con Dios podía llegar a ser bueno... Toda su enseñanza ética surgió directamente de esta experiencia de renovación moral y espiritual" (su conversión).[23] Por eso, estaba convencido de que *"los que viven según la carne no pueden agradar a Dios"* (Rom. 8:8). Los principales puntos doctrinales que sirven de base a la ética de Pablo son los siguientes:

22. Otros detalles particulares serán tratados en la 5.ª Parte.
23. **O. c.,** p. 244.

A') *El Reino de Dios.* De las 12 veces que menciona Pablo el Reino de Dios, sólo 4 se refieren al Reino como algo presente (Rom. 14:17; 1.ª Cor. 4:20; Col. 1:13; 4:11). De las referencias escatológicas al Reino, 4 tienen un sentido ético (1.ª Cor. 6:9-10; Gál. 5:21; Ef. 5:5). La escasez del término en Pablo en comparación con su abundancia en la enseñanza de Cristo, es más una diferencia de terminología que de contenido. Las constantes referencias al Espíritu de Dios que mora en el creyente, al estar "en Cristo", a la nueva creatura en El, demuestran que la idea del Reino de Dios en el creyente es tan básica para el Apóstol como para el Maestro.

B') *El Evangelio de la salvación.* El Evangelio es presentado por Pablo como la solución al problema ético humano. La justicia de Dios ha sido revelada, no sólo para que la mente humana la conozca, sino también como algo asequible al hombre mediante la fe en Cristo (Rom. 3:21ss.). El hombre ya no debe buscar la justicia por sus propios esfuerzos, condenado siempre a fracasar, sino que puede recibirla en Cristo como un puro regalo de la gracia de Dios. En su aspecto negativo, la salvación significa ser librado del fracaso, de la culpa y de la impotencia moral; en el positivo, significa la posibilidad del desarrollo y la madurez de la personalidad espiritual (Rom. 8:4). De estos conceptos básicos se derivan todos los aspectos particulares del campo de la Soteriología y de las Doctrinas de la Gracia, cuyas implicaciones éticas es fácil colegir. Así: (a) la *redención* comporta el rescate de la esclavitud del pecado (Rom. 6:12-14), para servir a la justicia (Rom. 6:16), y a Dios quien proporcionó el precio (1.ª Cor. 6:20); (b) la *reconciliación* implica una enemistad anterior (Col. 1:21, comp. con Rom. 5:1ss.) que se torna en amistad por la obra de Cristo. La amistad, según el aforismo antiguo, "encuentra iguales o los hace"; de ahí que el nuevo estado de reconciliación con Dios se ha de caracterizar en el hombre por un seguimiento de la justicia (2.ª Cor. 5:19-21); (c) la *justificación* exige que el hombre "declarado legalmente justo" está también destinado a una vida justa (2.ª Cor. 5:21, comp. con 1.ª Cor. 1:30); (d) la *adopción* como hijos (Rom. 8:15-17; Gál. 3:26; Ef. 1:5) requiere la afinidad moral, el "aire de familia". Por eso, para Pablo, como para Cristo (Mt. 5:44ss.) el ser hijo de Dios implica una vida de justicia conforme al Espíritu de Dios (Rom. 8:12-16); (e) la *santificación* significa, como dice Marshall, que "ya que el cristiano es un hombre dedicado a Dios *(hágios)*, es su labor ética el santificarse a sí mismo y tener por meta la completa santidad de vida". Pablo enseña que Dios da la voluntad y el poder necesarios para cumplir con este propósito ético (Flp. 2:12-13). El cristiano tiene que cooperar con el Espíritu Santo en la obra de la santificación, renunciando al pecado (1.ª Tes. 4:3-7), dedicando sus miembros para instrumentos de la justicia (Rom. 6:13), ofreciéndose a Dios como sacrificio vivo (Rom. 12:1), en obediencia a El (Col. 3:12-17). El creyente es *salvo* para ser *santo* (Rom. 1:4; 6:23; 2.ª Cor. 7:1; 1.ª Tes. 3:13); (f) finalmente, el mismo concepto de *salvación* se expresa casi siempre en Pablo por el presente o el futuro del verbo *sozo* (por ej. 1.ª Cor. 1:18; excepción: Ef. 2:8), refiriéndose a un proceso progresivo que se consumará con la glorificación final (Rom. 8:29-30). Es que la *regeneración* ("palingenesía" Tito 3:5), la *vida* ("zoé" Col. 3:4), la *novedad de vida* ("kainotes zoés" Rom. 6:4), la *nueva creatura* ("kainé ktisis" 2.ª Cor. 5:17; Gál. 6:15), apuntan a que esta nueva creatura *en Cristo* (2.ª Cor. 5:17), que es el cristiano, necesita ser transformado a la imagen de Cristo (Rom. 8:29; 2.ª Cor. 3:18; Col. 3:4). Siendo su nueva vida una vida éticamente transformada (Rom. 6:4-6; 8:2; 12:2), el cristiano tiene que cooperar de manera activa, despojándose del viejo hombre y revistiéndose del nuevo (Ef. 4:22-24), *"creado según Dios en la justicia y santidad de la verdad"*, con unas consecuencias éticas muy concretas (vv. 25-32 y hasta el final de la epístola).

C') *La fe.* El concepto paulino de fe, como en todo el Nuevo Testamento, expresa una actitud que abarca toda la personalidad. Implica una entrega completa a la voluntad de

Dios, y no simplemente un asentimiento intelectual ni una emoción religiosa; de ahí sus hondas implicaciones éticas. En los primeros capítulos de *Romanos,* Pablo refuta la objeción judía de que la moralidad de la Ley ha sido sustituida por la mera fe. *"En ninguna manera* —replica él— *sino que confirmamos la ley"* (Rom. 3:31), porque la vida de fe implica de por sí el vivir según la ley, y de una manera mucho más segura que por el esfuerzo humano. En Rom. 14:23 declara que lo que está en desacuerdo con la relación de fe entre el cristiano y su Señor, es pecado. Además, *"la fe obra por el amor"* (Gál. 5:6), el cual es *"el cumplimiento de la ley"* (Rom. 13:8-10; Gál. 5:5). [24]

CUESTIONARIO:

1. ¿Cuáles son las características generales de la ética paulina? — 2. Bases teológicas de la ética paulina. — 3. ¿Qué implicaciones éticas comportan para Pablo las ideas básicas de salvación y fe?

---

24.   V. También L. Dewar, o. c., pp. 122-126, 134-138, 155-157; L.H. Marshall, o. c., caps. VII y VIII; J. Murray, o.c., cap. IX.

LECCION 14.ª   PRINCIPIOS DE ETICA PAULINA (II)

3. Los motivos de la ética paulina

Es interesante considerar la dinámica de la motivación en la ética paulina. Podríamos escalonar de arriba abajo los motivos de la ética paulina del modo siguiente:

A) *El deseo de complacer a Dios* es propuesto como motivo de la buena conducta en Rom. 8:8; 2.ª Cor. 5:10; Ef. 5:8-10; Col. 3:20; 1.ª Tes. 2:4; 4:1.

B) *El testimonio del Evangelio.* En la enseñanza de Pablo es muy importante el concepto de que la vida del cristiano sea un testimonio fehaciente de su experiencia espiritual, demostrando así una conducta consecuente con la profesión de fe cristiana (Gál. 5:25; Ef. 5:8-9; Flp. 1:27; Col. 3:1-3-5-8; 1.ª Tes 4:12).

C) *La solicitud por el bien de la Iglesia* es motivo para hablar la verdad, hablar bien y ejercitarse en un trabajo honesto (Ef. 4:25-29). Se puede incluir aquí la consideración al hermano débil (Rom. 14; 1.ª Cor. 8:7-13).

D) *El motivo escatológico* no es muy frecuente, pero aparece en Rom. 2:5; 13:11-14; 1.ª Cor. 7:28-29; 1.ª Tes. 5:4-7.

E) *Las consecuencias de la desobediencia.* Las consecuencias de la desobediencia a Dios por parte de Su pueblo en el Antiguo Testamento, son presentadas por Pablo como una amonestación a los cristianos (1.ª Cor. 10:5-11). La práctica del pecado excluye del Reino de Dios a los injustos (1.ª Cor. 6:9-10; Gál. 5:21; Ef. 5:5).

4. Las normas de la ética paulina

A') *La Ley*. Aunque la Ley no puede ser un medio de salvación, el espíritu de la Ley compendiado en el amor, es norma para la conducta del cristiano (Rom. 8:4; 13:8ss.; 1.ª Cor. 7:19; Ef. 6:2).

B') *El ejemplo de Cristo*. Pablo pone a Cristo como ejemplo de la vida cristiana en muchas ocasiones, y se pone a sí mismo como imitador de Cristo (1.ª Cor. 11:1; Flp. 2:5; 3:17; 1.ª Tes. 1:6). Exhorta además a imitar a Cristo en ciertos aspectos concretos (Rom. 15:1-3-7; Ef. 5:2-25-29). El ejemplo de Dios mismo lo presenta Pablo en Ef. 4:32, como lo presentó Jesús en Mt. 5:4ss.

C') *La conciencia instruida* sirve también de norma de conducta (Rom. 14:23; 1.ª Cor. 6:12; 10:23; Ef. 4:17-21).

5. Lo natural, lo carnal y lo espiritual

Pablo distingue entre el hombre *natural* (1.ª Cor. 2:14), el *carnal* (1.ª Cor. 3:1-3) y el *espiritual* (1.ª Cor. 2:12-16).

(a) el hombre *natural* ("psychicós") es el hombre inconverso, no nacido de nuevo, guiado por los impulsos instintivos de su naturaleza corrompida. En este sentido, *naturaleza* indica la condición perdida del hombre, por la que *nacemos* como "hijos de ira" (Ef. 2:3), aunque, por no estar borrada del todo en el hombre caído la imagen de Dios, esa naturaleza refleja de algún modo la ley de Dios escrita en el corazón (Rom. 2:14-15).

(b) el hombre *carnal* ("sarkikós") no es sinónimo de inconverso, sino que indica una persona que, aun cuando sea creyente, se deja a veces guiar por criterios de la carne, en vez de seguir las indicaciones del Espíritu. La *carne* ("sarx") representa para Pablo los impulsos bajos del hombre (Rom. 8:12-13). No debe confundirse con *cuerpo* ("soma"), el cual es bueno en sí, como creado por Dios, y moralmente neutral, pudiendo ser ofrecido a Dios (Rom. 12:1-2) y

ser templo del Espíritu Santo (1.ª Cor. 6:19), o por otro lado,
puede ser dominado por el pecado y por la muerte (Rom.
7:24; 8:13; el original no dice "las obras de la carne" —como
en la R.V. de 1960— sino "las obras del cuerpo", porque
es el cuerpo el elemento por el que la carne ejercita su "praxis"); por eso, el cuerpo tiene que ser disciplinado (1.ª Cor.
9:27), para que sea un instrumento de *justicia* (Rom. 6:13)
y de *fortaleza* (Hebr. 12:12), en contraste con la *carne,* que,
como dice J.S. Stewart, "significa la naturaleza humana en
su flaqueza y debilidad, y en necesidad de ayuda".[25]

(c) el hombre *espiritual* ("pneumatikós") es el nacido
del Espíritu y que se deja guiar por el Espíritu: ha recibido
el Espíritu de Dios, anda en, El y tiene la mente de Cristo
(1.ª Cor. 2:12-16). La palabra *pneuma* = espíritu, aunque
usada alguna vez por Pablo para designar el espíritu humano
(1.ª Cor. 2:11), se refiere normalmente al Espíritu de Dios.
La vida conforme al Espíritu es lo contrario de la vida conforme a la carne (Rom. 8:4-7-9; Gál. 5:17). El hombre
espiritual está dominado por el poder del Espíritu, rechaza
todo lo que es contrario al Espíritu y produce el fruto del
Espíritu, que es un fruto netamente ético (Gál. 5:22-23).

6. El concepto del mal

Para Pablo, el mal tiene su origen fuera de este mundo en
las potencias espirituales malignas (Ef. 2:2; 6:12). Ha entrado en este mundo por medio de la caída del hombre (Rom.
5:12). En la experiencia individual, la carne es el instrumento del pecado (Rom. 7:25; 8:3). En las epístolas paulinas hay
siete listas de vicios concretos: Rom. 1:29-31; 1.ª Cor. 5:11;
6:9; 2.ª Cor. 12:20; Gál. 5:19-20; Ef. 4:31; 5:3; Col. 3:5-8.
En ellas encontramos las siguientes clases de pecados:

A") *Pecados sexuales.* Pablo los menciona con frecuencia, debido a que escribía a los gentiles, entre los cuales eran
corrientes. Condena de manera especial: *pornos* (fornicación),

---

25. En **Man in Christ**, p. 104.

moicheia (adulterio); los *arsenokoitai y malakoi* (sodomitas), *akatharsía* (corrupción inmoral Ef. 5:3) y *asélgeia* (lascivia, exhibicionismo insolente, etc.). Dewar nota que *pornos* se menciona, y en primer lugar, en 5 de las 7 listas. [26] Estos pecados son condenados por Pablo por tres motivos: (a) *teológico:* El creyente está unido con Cristo, lo cual excluye la posibilidad de toda unión que no sea compatible con esta relación espiritual (1.ª Cor. 6:15-19); (b) *moral:* El matrimonio es una unión establecida por Dios, lo cual previene contra la inmoralidad (1.ª Cor. 7:2-5-9); (c) *social:* En 1.ª Tes. 4:6, el no agraviar al hermano es aducido como motivo para evitar estos pecados, además de ser ésta la voluntad de Dios (vers. 3). El vers. 2 sugiere que tales enseñanzas eran temas frecuentes en la predicación del Apóstol.

B") *Los excesos.* Condena, no sólo la borrachera, sino también toda clase de excesos (Rom. 13:13; 1.ª Cor. 5:11; 6:10; Gál. 5:21).

C") *Pecados de la lengua.* Pablo condena la *aischrología* ("palabras indecentes" Col. 3:8), la *eutrapelía* (en su sentido peyorativo de "truhanerías" Ef. 5:4, que pueden englobar lo que hoy diríamos chistes verdes y bromas pesadas); la *morología* ("necedades" Ef. 5:4), las *katalaliai* (2.ª Cor. 12: 20 "maledicencias", englobando calumnias, injurias, detracciones, etc.); los *psithurismoi* (2.ª Cor. 12:20 "murmuraciones" en susurro o voz baja); la *blasphemía* (Col. 3:8 "insulto"); la *loidoría* (1.ª Cor. 5:11 "maledicencia" en sentido de vituperio, ultraje o censura).

D") *El egoísmo.* Pablo condena el egoísmo en sus diversas manifestaciones: desprecio a los derechos de los demás (*hybristés* Rom. 1:30), *soberbia* (2.ª Cor. 12:20 "*physiosis*"), *divisiones* o contenciones de raíz egoísta ("*eritheia*" 2.ª Cor. 12:20; Flp. 1:16; 2:3); *deseo egoísta,* codicia, concupiscencia de los ojos ("*pleonexía*" Ef. 4:19; 5:5; Col. 3:5. Comp. con 1.ª Tim. 6:10).

---

26. **O. c.,** p. 149.

E") *Pecados antisociales. Thymos* = ira (en sentido de
mal genio) es un pecado que aparece en 4 de las listas de
vicios. La lista de 2.ª Cor. 12:20 contiene otros pecados
afines: *eris* = contienda, y *zelos* = celos. En otros lugares,
Pablo condena las *echthrai* = enemistades (Gál. 5:19), *philo-
neikía* = afición a las disputas (1.ª Cor. 11:16), *phthonos*
(envidia, Rom. 1:29), los *asynthetus* = fementidos o infieles
a lo estipulado (Rom. 1:31), *dolos* = engaño (Rom. 1:29) y
la *kakoetheia* = mala costumbre ("malignidad" Rom. 1:29).

7. El concepto del bien

Pasando del terreno de los vicios al de las virtudes, podemos considerar:

A''') *Las virtudes llamadas "teologales":* La fe, la esperanza y el amor aparecen juntas, no sólo en 1.ª Cor. 13:13,
sino también en Gál. 5:5-6; Col. 1:4-5; 1.ª Tes. 1:3; 5:8.
El amor, igual que la fe, tiene un doble aspecto: teológico
y ético; es a la vez un atributo de Dios y la raíz o forma de
toda virtud en el cristiano (Rom. 5:5; 1.ª Cor. 13:4-7). La
esperanza, como el amor (Gál. 5:22), es fruto del Espíritu
(Rom. 15:13; Gál. 5:5). Hace referencia a las cosas venideras
y se podría definir como el aspecto futurista de la fe. El
amor hace referencia a los hermanos y a los demás hombres,
incluso a los enemigos (Rom. 12:10-13-14-20).

B''') *Otras virtudes* recomendadas con frecuencia por
Pablo son:

(a) *oiktirmós* (compasión; 3 veces con referencia a los
cristianos; 2 veces, a Dios; por ej. Col. 3:12).

(b) *tapeinophrosyne* (humildad; 6 veces. En Flp. 2:5s.
Cristo es el ejemplo, vers. 8).

(c) *anechómenoi* ("soportándoos"; 3 veces).

(d) *charizómenoi* ("perdonándoos"; 5 veces en este sentido). Estos dos últimos términos no aparecen con ese sentido en la LXX.

(e) *epieikeia* ("benignidad" en sentido de equidad que tiene comprensión para admitir excepciones; 4 veces; por ej. Flp. 4:5). Hasta aquí, todos son aspectos del amor.

(f) *hypomoné* ("perseverancia" paciente; 16 veces; por ej. Col. 1:11; 2.ª Tes. 1:4; 1.ª Tim. 6:11; 2.ª Tim. 3:10; Tito 2:2).

C''') *El fruto del Espíritu* (Gál. 5:22-23. Comp. con Col. 3:12-15) es un conjunto de cualidades éticas y espirituales, de las que hablaremos en la lecc. 23ª.

D''') *Cosas en que el cristiano debe pensar* (Flp. 4:8). Esta lista contiene, según Dewar [27], "virtudes más naturales que sobrenaturales". Se trata de lo que merece la atención del cristiano en medio del mundo. Por otra parte, el Apóstol nos ofrece en este versículo una magnífica lección de Psicología práctica. En lo espiritual como en lo corporal, se puede decir con razón que, en cierto modo, "somos lo que comemos". Cuando nuestra mente gusta de ocuparse en ideas de bondad, de amor, de pureza, de compasión, de perdón, de generosidad, de ayuda, etc., ("*logízesthe*" = pensad, dice Pablo), esas ideas pasan a ser carne de nuestra vida e influyen decisivamente sobre nuestras acciones, marcando toda la conducta. El Apóstol enumera ocho conceptos generales, anteponiendo a los seis primeros el adjetivo *hosa*, distributivo universal (comp. con Jn. 1:12 = *hósoi*: tantos cuantos le recibieron...), y a los dos últimos la expresión *ei tis* = si algo o alguno; como diciendo: si, por ventura, queda todavía algo bueno que yo no haya mencionado... La lista de conceptos es la siguiente:

(a') *alethé* (verdadero). No indica sólo lo que es exacto, sino todo lo que lleva la marca de la sinceridad, rectitud, honradez e integridad.

(b') *semná* (de *semnyno* = encomiar, celebrar, honrar, glorificar; y éste, de *sébo* = venerar, adorar) indica todo lo que es digno de reverencia y honor.

---

27. **O. c.**, p. 144.

(c') *díkaia* (justo) comporta el concepto más elevado de lo recto.

(d') *hagná* (puro): lo moralmente limpio, puro con el candor de la inocencia.

(e') *prosphilé* (amable): lo que inspira amor por su belleza.

(f') *eúphema:* lo que por sí mismo habla bien, o sea, lo que es de buen nombre o de buena *fama:* lo moralmente elevado.

(g') *areté* (virtud). Es un término de la ética griega, que denota toda clase de excelencia; aquí excelencia moral.

(h') *épainos* (alabanza) indica todo lo que es digno de alabanza.[28]

CUESTIONARIO:

1. Gama de motivos en la ética paulina. — 2. Normas básicas de la ética paulina. — 3. Concepto de naturaleza, carne y espíritu en Pablo. — 4. Concepto del mal y diferentes clases de pecados sobre los que se ocupa con preferencia Pablo. — 5. Su concepto de bien y principales virtudes que encomienda.

---

28. V. también L. Dewar, o. c., pp. 126-134, 138-157, 246-259; C.F.H. Henry, o. c., pp. 483-508; L.H. Marshall, o. c., cap. IX; C.A.A. Scott, **N.T. Ethics, caps.** IV y V.

LECCION 15.ª ENSEÑANZA ETICA DE LAS EPISTOLAS LLAMADAS UNIVERSALES

1. La epístola de Santiago

El carácter de la enseñanza ética de Santìago: corre paralela a su enseñanza teológica y podríamos definirla de la manera siguiente:

A) *Es aparentemente judaica.* Dewar [29] propone la teoría de que Santiago escribía a judíos inconversos, con el fin de recomendarles la ética cristiana. Aduce las siguientes evidencias:

(a) Su estilo recuerda el del Antiguo Testamento, especialmente el de los profetas y de Proverbios 8 (3:17).

(b) Los ejemplos de buena conducta son personajes del A.T. (5:11-17), en vez del ejemplo de Cristo, en contraste con lo que dice Pedro (1.ª Ped. 2:13-24) y Hebreos (12:1-2).

(c) La ausencia de referencias a la doctrina cristiana, sobre todo en lo que se refiere a Jesucristo y al Espíritu Santo.

(d) La aparente contradicción con el resto del N.T. sobre la relación entre la fe y las obras.

(e) La falta de relación entre la ética y la doctrina específicamente cristiana.

B) *En realidad, su enseñanza es cristiana.* Sin embargo, la epístola es, sin duda, cristiana. Hace referencias a la fe

---

29. **O. c.,** pp. 260 ss.

de Cristo (1:1; 2:1), al nombre de Cristo (2:7), a la venida del Señor (5:7) y al reino del Señor (2:5). Existen claros paralelismos con la enseñanza ética de Jesucristo:

(a') Las obras éticas como fruto (3:12).

(b') La necesidad de *hacer,* y no sólo de *oír* (1:22).

(c') La necesidad de la misericordia (2:13).

(d') Los peligros de la riqueza material (5:1).

(e') La importancia de la oración (5:16).

(f') La necesidad de las obras como prueba de la autenticidad de la fe.

Tampoco faltan las semejanzas con la enseñanza apostólica:

(a") La ley de la libertad (1:25; 2:12. Comp. con. Gál. 5:13).

(b") La lista de virtudes (3:17. Comp. con Gál. 5: 22-23).

(c") Las alusiones a doctrinas típicamente cristianas, como la regeneración (1:18).

C) *Ofrece un resumen de moralidad cristiana* (3:17). Los atributos de "la sabiduría que es de lo alto" son claramente las cualidades deseables en todo creyente (vers. 13). Dicha sabiduría es: *hagné* (pura), *eireniké* (pacífica), *epieikés* (benigna, magnánima), *eupeithés* (tolerante, condescendiente, dócil), *mesté eléus kai karpón agathón* (llena de misericordia y de buenos frutos), *adiákritos* (imparcial, sin favoritismo, sin discriminación de personas) y *anypókritos* (sin hipocresía). Es como un resumen de la enseñanza de la epístola: la pureza es lo contrario del carácter de doble ánimo (1:8), e implica la sinceridad; el ser pacífico, amante de la paz, es lo contrario del espíritu de contienda y de envidia, condenado en 3:14-16; 4:11; la imparcialidad es el tema de 2:1-13; y la hipocresía es el tema de 2:14-26 y 1:22.

2. Las epístolas de Pedro

Podemos distinguir en las epístolas de Pedro los siguientes aspectos éticos:

A') *Su base teológica.* Desde el principio de su 1.ª epístola, destaca la relación entre la doctrina y la ética: *"Elegidos ... para obedecer"* (1:2). El cristiano obedece porque es hijo (1:14), y debe ser santo conforme al carácter de Dios su Padre (1:15-16). El amor fraternal es fruto de su obediencia a la verdad (1:22).

B') *Los motivos éticos.* Estos son:

(a)   El llamamiento divino a la obediencia (1.ª Ped. 1:14-16), según la voluntad de Dios (2:15; 3:9).

(b)   El ejemplo de Cristo, principalmente en cuanto a la actitud frente al sufrimiento (2:21; 3:18; 4:1).

(c)   El motivo escatológico. El fin está cerca (1.ª Ped. 4:7; 2.ª Ped. 3:11-14); y, por tanto, los creyentes deben ser *"sin mancha e irreprensibles"*, teniendo presente el juicio (1.ª Ped. 1:17; 2.ª Ped. 2:9).

(d)   El motivo de la recompensa: la bendición venidera (1.ª Ped. 3:9; 4:13; 5:6).

(e)   Motivos espirituales actuales: Para que la oración sea efectiva (1.ª Ped. 3:7); para recibir la bendición de Dios (5:5); para vencer al diablo (5:8).

(f)   El testimonio ante los que se oponen al Evangelio (1.ª Ped. 2:12-15; 3:1-16).

C') *Maneras de agradar a Dios.* Las principales son las siguientes:

(a')   Por la ayuda del Espíritu Santo (1.ª Ped. 1:2-5).

(b')   Por medio de ciertas virtudes cristianas: la fe (1.ª Ped. 1:5; 2.ª Ped. 1:5), la esperanza (1.ª Ped. 1:3) y el amor (1.ª Ped. 1:8; 2.ª Ped. 1:7), el cual recibe gran énfasis por parte de Pedro (1.ª Ped. 1:22; 2:17; 4:8), especialmente en 1.ª Ped. 3:8, donde se incluye la cualidad de *tapeinóphrones* (humildes = que tienen baja opinión de sí mismos, no "amables" o "amigables" como traduce nuestra R.V.), que se recomienda también en 5:5-6.

(c')   Por el celo y la vigilancia (1.ª Ped. 2:2; 3:13 —*zelotai*—; 2.ª Ped. 1:5 comp. con vers. 11; 1.ª Ped. 1:13; 2:16; 5:8-9; 2.ª Ped. 3:14-17).

D') *Virtudes características en las epístolas de Pedro:*

(a") *hágioi en pase anastrophé* (santos en todos los aspectos de vuestra conducta; 1.ª Ped. 1:15; 2.ª Ped. 3:11).

(b") abstenerse de los malos deseos de la carne (pureza; 1.ª Ped. 2:11; 4:2-4).

c") *nephontes, nepsate* (sed sobrios, moderados; 1.ª Ped. 1:13; 4:7; 5:8) y la *enkráteia* (control de sí mismo, dominio propio, templanza; 2.ª Ped. 1:6).

(d") la generosidad, descrita en 1.ª Ped. 4:9-11.

(e") *hypomoné* = perseverancia paciente, constancia (1.ª Ped. 2:20; 2.ª Ped. 1:6).

(f") *agathopoiuntes* = haciendo el bien (1.ª Ped. 2:14-15-20; 3:6-11-17; 4:19) y *areté* (virtud; 2.ª Ped. 1:5).

E') *Etica social:*

1) En el matrimonio (1.ª Ped. 3:1-7), donde las relaciones entre los cónyuges se caracterizan por el honor y respeto mutuo.

2) Los siervos deben obedecer a sus amos (1.ª Ped. 2:18).

3) Las autoridades merecen la sumisión y el honor (1.ª Ped. 2:13-17), con lo que no descarta su propia actitud en Hech. 4:19; 5:29.

4) En la iglesia, todos tienen obligaciones unos para con otros (5:5): los ancianos, de cuidar de la grey y servir de ejemplo; los jóvenes, de sumisión (5:1-5. Nótese, con todo, que el verbo *hypotásso,* que tanto Pablo como Pedro emplean con frecuencia, indica una *sumisión* que no es *sujeción,* sino *subordinación,* conforme a la etimología del verbo griego). Esta sumisión es aplicable a todas las situaciones religiosas, familiares y sociales (1.ª Ped. 3:1; 2:13-18; 5:5. Comp. con Ef. 5:21ss. Nótese aquí que todos los participios, desde el vers. 19, dependen del "dejaos llenar del Espíritu" del vers. 18).

F') *Los vicios condenados* están comprendidos en 4 listas (1.ª Ped. 2:1; 4:3-15; 2.ª Ped. 2:10-12-19). Son vicios,

ya especialmente de la lengua, frecuentes en los creyentes (1.ª
Ped. 2:1), ya de la carne (1.ª Ped. 4:3; 2.ª Ped. 2:10-12-19),
ya propios de criminales y de entremetidos en cosas ajenas
(1.ª Ped. 4:15). Casi todos ellos son de los condenados también por Pablo.

3. La primera epístola de Juan

Juan centra sus ataques principalmente en los falsos
maestros, "anticristos", de doctrinas gnósticas, según los
cuales el conocimiento profundo de la deidad que sólo los
"iniciados" pueden alcanzar, exime de toda preocupación
por las normas morales. Contra esto, Juan enfatiza que
quien alegue andar en la *luz,* ha de practicar la *verdad* mediante una conducta santa, consecuente con la luz que posee,
y que todo el que *practica* el pecado como *hábito de conducta,*
no conoce a Dios, ni es de Dios, sino del diablo (3:6-9, así
como 1:6; 2:4-6).

A") *Base doctrinal:*

(a) La regeneración espiritual. La marca del hombre
nacido de nuevo es la justicia (2:29; 3:9; 5:18) y la comunión con Dios (1:6).

(b) El estar en Cristo. La conformidad con el ejemplo
de Cristo es a la vez el resultado (3:24) y la obligación (2:6)
del que está en Cristo.

(c) La esperanza escatológica exige la pureza, a imitación de Jesús (3:3).

B") *Las normas de conducta:*

(a') La voluntad de Dios (2:17), expresada en sus mandamientos (2:3; 3:22; 5:2-3; también en 2.ª Jn. vers. 6),
de los que Juan propone el resumen más completo de todo
el N.T. en 3:23 "*Y éste es su mandamiento: Que creamos en
el nombre de su Hijo Jesucristo, y nos amemos unos a otros
como nos lo ha mandado*" (FE Y AMOR SON LA BASE DE
TODA LA ETICA CRISTIANA). Juan hace un énfasis

especial en el amor, con un pragmatismo tremendo, propio
del gran evangelista *teólogo* del N. Testamento, que sabe descender al detalle concreto de la vida cotidiana (2:7-10; 3:14-
18; 4:20-21).

(b) El ejemplo de Cristo (2:6; 3:16; 4:11).

C") *Los vicios que se han de evitar* especialmente son:

(a") la mundanidad (2:15-16).

(b") el odio (3:15).

4. La epístola a los hebreos

En esta epístola, que la Tradición atribuye a Pablo, del
cual quizá son las ideas, y especialmente el cap. 13, pero
que parece redactada en su mayor parte por un escritor elo-
cuente, de estilo brillante, metódico y acompasado (impropio
de Pablo), como pudo ser, por ej. Apolo, vamos a considerar
brevemente sus aspectos éticos en cuanto a:

A'") *Los pecados condenados. Hebreos* amonesta de manera especial contra el rechazo voluntario del mensaje de salvación (caps. 2 y 3) y contra la apostasía (6:4-8; 10:26-29),
subrayando la gravedad del pecado voluntario después de
haber adquirido un suficiente conocimiento de la verdad.[30]
El cristiano debe despojarse del peso del pecado (12:1), evitando el brote de raíces amargas de espíritu profano (12:15-
16), así como la fornicación y el adulterio (13:4). La amonestación clave se centra contra la incredulidad (3:12).

B'") *Las virtudes recomendadas:* La fe (6:12; 10:22-39;
todo el cap. 11); el amor (6:10; 10:24; 13:1), el cual se
manifiesta en la práctica de la hospitalidad (13:2) y en la
ayuda mutua (13:16); la perseverancia (10:36; 12:1-4) y la
paciencia (6:12); la paz y la santidad (12:14); el valor es-

---

30. Nótese en Heb. 6:4-8; 10:26-29, que no se trata de verdaderos **creyentes** que hayan perdido la salvación, sino de falsos profesan-
tes que habían tenido una experiencia mental y emocional —semejante al 2.º grupo de la parábola del sembrador—, pero sin entrega de
fe genuina. V. también 2.ª Ped. 2:20-22.

piritual o audacia para hablar familiarmente cara a cara, expresado en el término griego *parrhesía* (4:16; 10:35. Pablo suele usarlo para expresar la osadía firme y valiente para decir la verdad); el contentarse con lo que se posee (13:5).[31]

C''') *Los motivos éticos:* El agradar a Dios (12:28; 13: 16-21), teniendo en cuenta Su ira (10:29-31; 12:28-29) y el ejemplo de Jesucristo (12:2-3; 13:12-13).[32]

CUESTIONARIO:

1. ¿Qué características presenta la epístola de Santiago? — 2. ¿Está en oposición al mensaje apostólico? — 3. Enseñanzas éticas de las epístolas de Pedro. — 4. Raíz y contenido de la ética de Juan en su 1.ª epístola. — 5. Temas éticos de la epístola a los hebreos. — 6. ¿Qué parábola del Señor puede servir para una mejor inteligencia de lugares como Hebr. 6:4-8; 10:26-29?

31.   Acerca del discutido vers. 4 del mismo cap. 13 (sobre la honorabilidad del matrimonio), hablaremos en la lección 26.ª.

32.   V. también Conner, **La fe del Nuevo Testamento**, pp. 221-222, 232; L. Dewar, **o. c.**, pp. 200-208, 220-246, 259-268; J.E. Giles, **o. c.**, cap. VII.

Cuarta parte

Etica Cristiana
Sistemática General

LECCION 16.ª LA VIDA CRISTIANA ES UN EXODO ESPIRITUAL

De la misma manera que la Teología Sistemática recoge los materiales de la Teología Bíblica para fundirlos en un conjunto ordenado de temas teológicos, así también después del estudio de los temas éticos que hemos encontrado a lo largo de la Palabra de Dios, podemos ya formular una Etica Cristiana Sistemática, primero en sus raíces o fondo general, después en los aspectos particulares de la conducta cristiana.

1. Punto de arranque de la Etica Cristiana

El punto de arranque de la Etica es (no podía ser de otra manera) teológico. Los hechos teológicos que sirven de base a la Etica cristiana son los siguientes:

A) El hombre fue hecho a imagen y semejanza de Dios, partícipe del "ruaj" de Dios, del Espíritu de Dios y, por tanto, recto con la rectitud moral de que Dios le había investido al crearlo a Su propia imagen (Ecl. 7:29), ya que el sello distintivo del carácter ético de Dios es la *santidad* (Lev. 11:44; 19:2; 1.ª Ped. 1:16).

B) Al perder la comunión con Dios por el pecado, se oscureció y deterioró la imagen de Dios en el hombre. El hombre quiso ser autónomo, independiente de Dios, única fuente de santidad, de salvación, de felicidad, y se tornó entonces *egocéntrico*, buscándose a sí mismo y extraviándose

por muchos caminos (Is. 53:6). El hombre nace pecador:
todos pecamos en Adán y todos pecamos como Adán (Rom.
5:12ss.).

C) Dios tiene compasión del hombre perdido, y desde
el principio hace la promesa de un Redentor (Gén. 3:15). El
Hijo de Dios, por quien todas las cosas fueron hechas (Jn.
1:3) y, por tanto, también la imagen de Dios en el hombre,
se hace hombre, obediente a Dios en todo, hasta la muerte
(Flp. 2:6-8) y así aparece como el Hombre con mayúscula,
paradigma del nuevo hombre, en contraste con Adán, de quien
recibimos el "viejo hombre". Como fruto de la sustitución
llevada a cabo en el Calvario (2.ª Cor. 5:21, como eco de
Is. 53:6), el creyente queda revestido de la *justicia* del Hombre verdadero que, por ser el Hijo de Dios, no sólo *lleva* la
imagen divina, sino que *es* "la irradiación de Su gloria y
la *impronta* misma de su *hypóstasis* sustancial" (Heb. 1:3).

D) Por tanto, la base de la santificación del hombre
pecador y perdido ha de consistir en salir de la perdición
masiva ("*Todos* nos descarriamos... Is. 53:6), mediante una
salvación personal (Jn. 3:15-16), para formar un solo Cuerpo
en Cristo (1.ª Cor. 12:13). Ello requiere un proceso de
transformación en la *imagen* ("eikónos" —Rom. 8:29—,
como una figura plástica) de Cristo, cuya progresiva configu-
ración (Rom. 12:2) aparecerá perfecta y manifiesta en la
escatología (1.ª Cor. 15:49; Col. 3:4; 1.ª Jn. 3:2).

E) De esta manera, somos adoptados como hijos en el
Hijo (Rom. 8:17; Ef. 1:6), como pámpanos en la misma
cepa (Jn. 15:1ss.; Rom. 6:5 —"*complantados*"—), piedras
vivas sobre la misma "*piedra principal del ángulo*" (Ef. 2:
20-22; 1.ª Ped. 2:5ss.) y miembros de su mismo Cuerpo
(Rom. 12:5; 1.ª Cor. 12:27; Ef. 4:15-16; Col. 2:19). Tuvi-
mos *muchos caminos* para descarriarnos (Is. 53:6), pero *un
solo Camino* para volver (Jn. 14:6); un Camino sobre el
cual debemos *andar por fe,* de la misma manera que entramos
en él por fe (Col. 2:6-7). Por eso, el libro de Hechos, peque-
ña historia inspirada de la Iglesia primitiva, se refiere al

Cristianismo como al *Camino* de Dios (9:2; 18:26; 19:9-23; 22:4; 24:14-22).

2. La idea del Exodo en la ética hebreo-cristiana

La enseñanza apostólica compara el caminar del cristiano por esta vida al Exodo de los israelitas de Egipto. También nosotros tenemos nuestro Cordero Pascual (Jn. 1:29-36; 1.ª Cor. 5:7), con cuya sangre debemos ser rociados para escapar al exterminio (1.ª Ped. 1:2). Tenemos que ser *segregados* del mundo para ser *congregados* y formar la comunidad de los elegidos. Hemos de seguir las 5 etapas del Exodo: A') Salir del Egipto de nuestros pecados, para escapar de *la* esclavitud (Jn. 8:34; 1.ª Ped. 2:19), siendo rescatados por el brazo de Dios y la redención de Cristo (Ef. 2:1ss.; 4:20-24; Col. 3:5-10); B') Pasar por el Mar Rojo de la sangre de Cristo (1.ª Ped. 1:18-19; Apoc. 7:14); C') Emprender la peregrinación por el desierto de esta vida, siendo sustentados por Cristo, la Roca espiritual que nos sigue (1.ª Cor. 10:4; Ef. 2:19; Heb. 11:13-16; 1.ª Ped. 2:11; Apoc. 12:6-14); D') Pasar por el Jordán purificador (Heb. 12:6ss.); lo cual supone ya estar dentro del pacto; por eso, bautizaba Juan en el Jordán y de él se tomaron las doce piedras representativas de las doce tribus de Israel (Jos. 4); E') Entrar a formar parte de la ciudadanía de la verdadera Tierra Prometida (Flp. 3:20-21; Heb. 11:13-16).

3. La constante purificación de nuestra andadura

De la misma manera que los israelitas cometieron muchas infidelidades en su peregrinación por el desierto y tuvieron que ser castigados por Dios, así también nuestra andadura espiritual por el desierto de esta vida requiere una constante labor de purificación. La *purificación* es, por decirlo así, la cara negativa de la santificación, y es necesaria para llegar al parecido final con Cristo (1.ª Jn 3:3).

Habiendo de imitar la santificación de Dios (Lev. 11:44), nuestra pureza implica desprenderse de toda escoria de defecto y de pecado. En efecto, *puro* es lo que es aquello que se denomina como tal, sin mezcla, a imitación de Dios, que es el puro e infinito Ser (Ex. 3:14-15), sin mezcla del no-ser. Así decimos que algo es "de oro *puro*" cuando *todo* ello es oro y *sólo* oro. Esta pureza interior, sin mezcla, es la expresada en Mt. 5:8; 6:22-24; 1.ª Cor. 5:7; 1.ª Jn. 2:15, comp. con Mt. 6:24; Lc. 16:13). Ahora bien, el vocablo "puro" se deriva del griego "pyr" = fuego, porque todo metal se purifica cuando es acrisolado por el fuego. De ahí que el cap. 12 de Hebreos, en el que domina la idea de purificación del creyente, se cierre con la frase de Deut. 4:24: *"porque nuestro Dios es fuego consumidor"* (Heb. 12:29). Pero Dios sólo consume la escoria, no el oro. Por eso, el creyente, como el pueblo elegido, simbolizado en la zarza ardiendo de Ex. 3:2, *arde sin consumirse.* Dios lo prueba y castiga pedagógicamente, para que no sea consumido con el mundo (1.ª Cor. 11:30-32).

¿Qué debe hacer el creyente para colaborar en esta constante purificación de su andadura cristiana? Algo tan ineludible como es *el tomar su cruz cada día,* para ser verdadero discípulo, es decir, para ir en seguimiento del Maestro (Mt. 10:38; 16:24; Mc. 8:34; 10:21; Lc 9:23; 14:27). Seguir a Cristo comporta, pues, la *crucifixión* del "yo". No del genuino "yo" = la auténtica personalidad que Dios creó en nosotros, sino del falso "ego" que han configurado nuestros pecados. Para ese falso "yo" que llevamos dentro, lo espiritual es una necedad y la cruz de Cristo es una locura (1.ª Cor. 1:18-23; 2:14). Por eso, para que *cambie nuestra mentalidad* en el arrepentimiento (Mc. 1:15) y se vaya renovando nuestro entendimiento (Rom. 12:2), es preciso que nuestros pensamientos se rindan *cautivos* a la obediencia de Cristo por la fe (Rom. 1:5; 16:26; 2.ª Cor. 10:5). Como advierte Chesterton, nuestra razón busca la rotundidad de la esfera, mientras la fe nos exige la contradicción de la cruz. En efecto, una cruz es un conjunto de dos palos cruzados: nuestra voluntad que se cruza con la voluntad de Dios. Por eso, toda tribulación, toda "cruz" resulta amarga en la medida en que expresa un conflicto con el pecado. De ahí que el creyente que no acepta su condición crucificada con Cristo al propio "yo" y al mundo, se ve obligado a soportar una tensión que le atormenta. Como bellamente expresa Thomas Brooks, los cristianos imperfectos experimentan esta dolorosa tensión, porque "son demasiado buenos para ser felices *con* el mundo, y demasiado defectuosos para ser felices *sin* el mundo".

La crucifixión del cristiano adquiere tres dimensiones especificadas por el Apóstol en su epístola a los fieles de Galacia, puesto que tres son también las dimensiones de la conducta: la relación con Dios, consigo mismo y con el prójimo. Estas tres dimensiones éticas de la conducta humana eran perfectas antes de la caída, pero se echaron a perder al deteriorarse la imagen de Dios en el hombre, como veremos en la lección 18.ª. Al estar ahora falsificadas por una relación incorrecta con Dios, con nosotros mismos y con el prójimo, han de ser *crucificadas,* como hacía el Apóstol: (a) su relación *santa* con Dios exigía la crucifixión del propio "yo" para que fuese Cristo quien viviese en él (Gál. 2:20); (b) después menciona la crucifixión de la carne con sus pasiones y deseos (Gál. 5:24), para recobrar en Cristo la unidad interior de que gozaban nuestros primeros padres antes de la caída (Gén. 2:25; 3:7-8); (c) finalmente, el creyente queda crucificado al mundo (Gál. 6:14): en la medida en que él renuncia a lo mundano, los mundanos están en contra de él (1.ª Ped. 4:3-4).

4.   El aspecto positivo de la santificación

La *santificación* moral del creyente no es propiamente un producto de su *esfuerzo* por practicar la virtud, sino que es fruto de su *docilidad* al Espíritu Santo. Al poseer el Espíritu Santo en nuestro interior, como huésped que mora para trabajar (participación *personal* de la naturaleza divina), El es quien toma a su cargo la tarea de nuestra santificación, mientras que a nosotros nos corresponde ser dóciles a El, no sólo teniendo las antenas del espíritu alerta a sus inspiraciones, sino, sobre todo, teniendo la voluntad siempre pronta para ejecutar la "*buena voluntad de Dios, perfecta y agradable*" (Rom. 8:14; 12:1-3). El Espíritu Santo, el "dedo de Dios" (Ex. 8:19; Lc. 11:20), va esculpiendo en nosotros la imagen del Hijo, del Primogénito (Rom. 8:29), de modo que, dejándonos llenar del Espíritu (Ef. 5:18), vamos asiendo cada vez más del Cristo que a todos nosotros nos asió un día, como a Pablo, en nuestro "Camino de Damasco" (Flp. 3:12).

Con esto, va haciéndose realidad en nosotros la *participación moral de la naturaleza divina,* es decir, de la santa conducta del Dios tres veces Santo (2.ª Ped. 1:4-7), donde el amor aparece al final, como *última raíz* de una conducta santa, siendo al mismo tiempo el *primer fruto* del Espíritu (Gál. 5:22, comp. con Rom. 5:5). Esta participación de la naturaleza divina comporta el paso de un *molde,* de un "*schema*" a otro, del esquema del mundo al de Cristo, mediante la *metamorfosis* que experimentamos por medio de la renovación de nuestra mente, según la terminología de Rom. 12:2, para así abandonar la vieja levadura de corrupción (1.ª Cor. 5:7). Esa renovación espiritual en que consiste el aspecto positivo de la santificación es como un *cambio de brújula,* una distinta *orientación* de toda la conducta ética y existencial (Rom. 8:1-4), pues la *conversión* indica, desde su misma etimología ("darse media vuelta") un giro de 180 grados en la dirección de nuestro comportamiento. Por eso afecta decisivamente a nuestras facultades conscientes, específicas (mente, corazón y voluntad), determinando un cambio de *criterios* (Rom. 12:2), de *sentimientos* (Flp. 2:5) y de *decisiones* (Rom. 8:14, como fruto de Flp. 4:8 "la idea lleva al acto"). En las lecciones siguientes, desarrollaremos todos estos conceptos.

CUESTIONARIO:

1. ¿Cuáles son los hechos teológicos que sirven de base doctrinal a la Etica cristiana? — 2. ¿Qué importancia tiene la idea del Exodo en la enseñanza ética de Pablo, Pedro y Juan? — 3. ¿Por qué es necesaria la constante purificación en el proceso de la santificación moral? — 4. ¿En qué consiste y cómo se realiza el aspecto positivo de nuestra santificación?

LECCION 17.ª EL CARACTER SANTO DE DIOS

1. Concepto de santidad

Resumiendo lo que ya hemos dicho en otro lugar [1], nos limitaremos a hacer notar que toda la Etica cristiana, por comportar una participación de la naturaleza divina (cf. 2.ª Ped. 1:4), se basa en el carácter santo de Dios. Ahora bien, el concepto de santidad en Dios incluye dos elementos que se complementan mutuamente: A) una *majestad* transcendente, por la que Dios es totalmente *distinto* y *distante* de todo ser creado, por estar infinitamente exento de toda mancha, de todo defecto y de toda limitación. El es el Ser Puro (cf. Ex. 3:14-15), sin mezcla de no-ser; por tanto, la Perfección infinita, sin mezcla de imperfección; B) una *bondad* inmanente, por la que Dios es el autor de todo bien, infinitamente cercano a todo ser salido de sus manos, especialmente a toda debilidad y miseria de los hombres (Hech. 17:25-28; 2.ª Cor. 12:9; Sant. 1:17). Su infinita lejanía del pecado le permite una infinita cercanía al pecador: puede siempre *condescender* sin *rebajarse*. Resumiendo: DIOS ES EL UNICO SALVADOR NECESARIO Y SUFICIENTE ¡ESTA ES SU GLORIA! (cf. Jer. 17:5).

---

1. En **Un Dios en Tres Personas** (Tarrasa, CLIE, 1974), pp. 111-116

2. La santidad divina, exigencia de nuestra santidad

A lo largo del Antiguo Testamento, campea como un slogan insoslayable para el pueblo de Dios la frase que, desde el Levítico —el libro de la santidad y de los sacrificios—, viene repitiéndose constantemente en la Revelación Divina: "Y SEREIS SANTOS, PORQUE YO SOY SANTO" (Lev. 11:44; 19:2; 20:26; etc.). De manera parecida, el Apóstol Juan dice de los creyentes que aguardan expectantes la 2.ª Venida del Señor: "*Y todo aquel que tiene esta esperanza en él, se purifica a sí mismo, así como él es puro.*" (1.ª Jn. 3:3). La final comunión con Dios exige una pureza absoluta, como se recalca en Apoc. 21:27: "*No entrará en ella* (en la nueva ciudad de Dios) *ninguna cosa inmunda, o que hace abominación y mentira.*"

Esta santidad no acaba en una mística unión con Dios, en una relación vertical, al margen de nuestro quehacer cotidiano y de nuestra relación con el prójimo, sino que es de un pragmatismo tremendamente concreto. El *teólogo* Juan no duda en asegurar: "*Si alguno dice: Yo amo a Dios, y aborrece a su hermano, es mentiroso. Pues el que no ama a su hermano a quien ha visto, ¿cómo puede amar a Dios a quien no ha visto?* (1.ª Jn. 4:20). Y Santiago expresa admirablemente cómo ha de reflejar el creyente la infinita lejanía del pecado y la infinita cercanía a la miseria, que constituyen el carácter santo de Dios: "*La religión pura y sin mácula delante de Dios el Padre es ésta: Visitar a los huérfanos y a las viudas en sus tribulaciones* (acercamiento), *y guardarse sin mancha del mundo* (alejamiento) [2] (Sant. 1:27). He aquí un magnífico resumen de conducta cristiana: condescender con misericordia hasta el fondo de la miseria del prójimo, sin mancharse con su pecado. El apóstol Judas lo expresa de esta otra manera: "*A algunos que dudan, convencedlos. A otros, salvad, arrebatándolos del fuego; y de otros, tened misericordia con temor, aborreciendo aun la ropa contaminada por su carne.*" (Jud. vv. 22-23).

---

2. Más adelante veremos qué se entiende aquí por **mundo**.

3. Dos clases de santidad

Resumiendo lo que explicamos con más detalle en otro lugar[3], diremos que es preciso distinguir dos clases de santidad: A') *de posición legal* ante Dios, mediante la justificación de pura gracia por la fe en el que justifica al impío (Rom. caps. 3 y 4). Con esta posición, todo verdadero creyente es *santo* según el concepto primordial de santidad, o sea, queda *separado, puesto aparte* por Dios, para quedar consagrado a El mediante el injerto en Jesucristo (Rom. 6:3-11). Este concepto está simbolizado en el bautismo de agua, la cual lava *por fuera.* Al imputársenos la justicia de Cristo, quedamos exentos del reato de culpa que comportaban nuestros *actos* pecaminosos, y nuestro anterior *estado* de *aversión a Dios* se torna en estado de gracia o de *conversión a Dios.* Dios nos mira ya como amigos; más aún, como hijos: B') *de posesión real,* mediante la obra santificadora del Espíritu Santo, que comienza en la regeneración espiritual, por la que nacemos de nuevo, adquiriendo una semilla de vida divina, la participación de la naturaleza divina, en constante renovación moral de nuestra conducta (cf. Rom. 6:11-22; 8:29; 12:2; Flp. 3:12ss.). Así se lleva a la perfección la sustitución descrita en 2.ª Cor. 5:21, para que nuestro hombre interior se transforme a imitación del Postrer Adán (1.ª Cor. 15:49; 2.ª Cor. 4:16; Heb. 7:26; 1.ª Jn. 3:3; etc.). Este concepto está simbolizado en el bautismo de fuego, que consume *por dentro.*

4. Santificación por fe

Queda, pues, clara la distinción entre *justificación legal* (instantánea, en el momento de la conversión) y *santificación moral* (progresiva, a lo largo de toda la vida). Una persona es salva *por fe* (Rom. 3:28), no *por obras,* aunque sí *para obras* buenas (Ef. 2:8-10; Sant. 2:14-19). En el proceso de nuestra salvación, TODO ES DE GRACIA Y POR FE. Hay creyen-

---

3. En mi libro **Doctrinas de la Gracia** (en prensa).

tes que saben muy bien que la *justificación es por fe,* pero piensan que la santificación es *por obras,* lo cual trae funestas consecuencias de orden práctico, puesto que ponen un equivocado énfasis en el *esfuerzo* por cumplir la voluntad de Dios y se deprimen ante las dificultades y las continuas caídas, pudiendo fácilmente adquirir un complejo de *culpa* por lo pasado, de *fracaso* por lo presente, o de *miedo* ante la amenaza de una tentación o de un peligro. Esta actitud está basada en un error teológico. Debemos persuadirnos de que también la santificación es *por fe y de pura gracia;* no depende de nuestro *esfuerzo,* sino de la docilidad al Espíritu Santo (Rom. 8: 14); esta actitud está simbolizada en la parábola de Mr. 4:26-29, en que la semilla brota y crece sin que el sembrador se percate siquiera de ello. La santidad es una vida de origen divino, una planta que crece desde el interior por impulso divino (1.ª Cor. 3:6-9). Un labrador planta, riega y limpia el suelo, pero no se le ocurre tirar de las hojas, de los tallos, de las ramas, para que las plantas crezcan más deprisa. Sólo cuando nos olvidamos de nuestra debilidad y de nuestros recursos, podemos asirnos al poder de Dios que nos fortalece (2.ª Cor. 12:9-10). Mientras Pedro tenía fija la mirada en Cristo, caminaba con seguridad sobre las olas; sólo cuando bajó la vista al mar encrespado, comenzó a hundirse por su propia impotencia (Mt. 14:28-31).

5. ¿Cómo encontrar meta y camino de santidad?

Siendo la santidad una participación de la vida divina, de la conducta de Dios, sólo el Espíritu de Dios, el *soplo* por el cual Dios es ineludiblemente impulsado hacia el Bien, puede mostrarnos la meta y el camino de la santidad. Lo hace convenciéndonos de nuestra miseria. Al principio, le basta con infundir un sentimiento de hallarse *perdido,* destituido de auxilio y necesitado de salvación; pero el reconocimiento profundo de la íntima miseria sigue, no precede, al reconocimiento de la santidad de Dios. Sólo después de contemplar la gloria de Dios en el Templo, se percató Isaías de su radical indignidad (cf. Is. 6:1-6). Por eso, en realidad, el verdadero *arrepentimiento* sigue lógicamente al acercarse *por fe* a la cruz del Calvario. No se convierte uno primero *de los ídolos* y después se acerca *a Dios,* como puede sugerir la versión corriente de 1.ª Tes. 1:9, sino que al acercarse a Dios, se vuelve a El *desde los ídolos,* como da a entender el texto original.

CUESTIONARIO:

1. Concepto de santidad. — 2. ¿Por qué debemos ser santos? — 3. Dos distintos aspectos de la santidad. — 4. Supuesta la justificación por fe, ¿existe la santificación por obras? — 5. ¿Cómo se realiza el cambio radical de conducta, que conocemos con el nombre de conversión?

LECCION 18.ª
LA IMAGEN DE DIOS EN EL HOMBRE

1. El hombre, creado a imagen de Dios

Resumiendo en esta lección lo que más detalladamente tratamos en otro lugar [4], diremos que el ser humano (varón y mujer) fue creado a imagen y semejanza de Dios (Gén. 1:26-27). Hasta la creación del hombre, Gén. 1 nos presenta a Dios creando las cosas de un modo impersonal: *Sea, produzca, haya, hágase...*", pero en el vers. 26 aparece Dios con un plural mayestático y deliberativo, como celebrando un consejo trinitario para la creación de algo totalmente distinto, de un ser personal en el que se reflejará la imagen divina, e incluso una semejanza del Dios Trino: A) *Dominará* el Universo (Gén. 1:28), como virrey de la Creación, a imagen de Dios Padre, de quien procede toda operación o "energía" (cf. 1.ª Cor. 12:6); lo cual supone una *voluntad* dotada de libre albedrío; B) *Pondrá nombre* a las cosas (Gén. 2:19-20), a imagen del Hijo, Palabra personal con que el Padre lo expresa todo (Jn. 1:1-18), lo cual supone una *inteligencia* comprensiva y dominadora, puesto que el poner nombre para un judío implicaba un conocimiento perfecto, capaz de conducir a una definición, y un dominio de la cosa definida. Por eso, Dios no se avino a dar a Moisés un nombre propio que fuese una definición de Sí mismo, sino que aseguró su trans-

---

4. En mi libro **El hombre: su grandeza y su miseria** (en preparación).

cendencia tras la expresión "YO SOY EL QUE SOY"; C) Estará dotado de *rectitud moral,* en íntima comunión con Dios, comunión que, tanto en Dios como en nosotros, es establecida por el Espíritu Santo (Jn. 17:21; 1.ª Cor. 12:4; 2.ª Cor. 13:14; 1.ª Jn. 1:3). Esta comunión original del hombre con Dios aparece en todo el cap. 2 del Génesis, hasta el vers. 8 del cap. 3, y Ecl. 7:29 enfatiza la primitiva rectitud moral del ser humano. Para ello, Dios comunica al hombre su aliento, su Espíritu (Gén. 2:7).

2.   Deterioro de la imagen de Dios en el hombre

Por el pecado, la imagen de Dios en el hombre quedó deteriorada, aunque no borrada del todo [5]. Engañados por la seducción de la serpiente, A') nuestros primeros padres quisieron ser *como Dios,* autónomos en su felicidad (comiendo del árbol de los dioses), para saberlo todo por su propia iniciativa aun en contra de la voluntad de Dios. Incluso después de la caída, pretenden salvarse por sus propios medios, cubriéndose con hojas de higuera; pero pierden el dominio sobre la creación —la tierra se les vuelve hosca e inhóspita (Gén. 3:17)— y pierden también la comunión con Dios, huyendo de El (Gén. 3:8), B') También se desconocen a sí mismos, avergonzándose de su propio cuerpo, y sintiendo dentro de sí la rebelión de los instintos (Gén. 3:11): El hombre experimenta en su interior esa atroz lucha que tan patéticamente describe Pablo en Rom. 7. Al hombre *íntegro,* unificado, en su condición primigenia, sucede el hombre dividido, en guerra consigo mismo por la contraria gravitación de fuerzas opuestas. Como el endemoniado de Mr. 5:9; Lc. 8:30, puede decir: "Legión me llamo, porque somos muchos". Por eso, se ha dicho que todos los seres humanos llevamos dentro de nuestro corazón un tigre, un cordero, un cerdo,

---

5. Opinamos así con Calvino, contra la opinión de Lutero, quien suponía que, por el pecado, la imagen de Dios en el hombre se había perdido por completo.

un asno y un ruiseñor. G') Inmediatamente después del primer pecado, el hombre desconoce también y aborrece a su prójimo. Ante el único semejante que Adán tiene en el mundo, y que es su propia mujer, salida de su costado, el primer hombre se expresa con terrible crueldad e ingratitud, echando la culpa de su desgracia a Eva y a Dios que se la había dado por compañera: *"La mujer que me diste por compañera me dio del árbol..."* (Gén. 3:12); como diciendo: ella tiene la culpa... y tú, por habérmela dado.

3. Dos maneras de perderse

Una cosa se puede perder de dos maneras: (a) por estar fuera del lugar que le pertenece, como si yo pierdo mi cartera y se la encuentra otro. La cartera puede permanecer intacta, pero se halla *fuera de su lugar,* que es el bolsillo de su amo; (b) por echarse a perder, como si yo dejo en verano fuera de la nevera, durante varios días, un trozo de carne. La carne puede permanecer en el mismo lugar, pero *se echa a perder.* De las dos maneras *se perdió* el hombre por el pecado: se echó a perder en su interior, y perdió su lugar, que era el Paraíso (Gén. 3:22-24). Así cobra todo su sentido la frase de Jesús en Lc. 19:10: *"El Hijo del Hombre vino a BUSCAR y a SALVAR lo que Se HABIA PERDIDO":* a buscar lo que estaba fuera de su lugar, y a salvar lo que se había echado a perder. De ahí que la *vida eterna* comporta una *sanación* del hombre y una *recuperación* del Paraíso perdido (Apoc. 22, como réplica a Gén. 3).

4. Restauración de la imagen

Por eso, para hacer posible una conducta verdaderamente ética en el hombre, se requiere una restauración de la imagen de Dios en él. Esto se realiza:

A") *A costa del sacrificio del Hijo de Dios* (Jn. 3:14-16), por quien queda remendado lo que por El había sido hecho (Jn. 1:3; Hech. 4:12). El es nuestro sustituto en la expiación del pecado (2.ª Cor. 5:21), para que nosotros seamos configurados a su imagen (Rom. 8:29), hechos así aptos para recuperar la imagen del Dios Trino: *"siguiendo"* (con la *enérgeia* del Padre) *la verdad* (expresada en y por el Hijo) *en amor* (derramado en nuestros corazones por el Espíritu, cf. Rom. 5:5). (Ef. 4:15). Para ello, el Hijo de Dios se vació de su gloria (Flp. 2:6-8), siendo tenido (a) por *débil* ("A otros salvó, a sí mismo no se puede salvar" Mt. 27:42 y paralelos); (b) por *loco* ante el tribunal del placer, del arte y de la cultura (ante Herodes); (c) por *blasfemo* ante el tribunal de la religión (ante Caifás) y (d) por *revolucionario* ante el tribunal político (ante Pilato).

B") Nuestro vaso de arcilla se rompió, pero el divino alfarero (Gén. 2:7; *Adam* significa tierra rojiza = arcilla) no puede fracasar; vuelve a hacer otro vaso de honor, como hizo con Israel (Jer. 18:1-10); reparó el rasguño en nuestro primer traje con un bordado que lo torna más bonito y más valioso. Sin el pecado, no hubiésemos tenido un Redentor tan admirable; un precioso atributo de Dios, la misericordia, hubiese quedado en la sombra, sin ser revelado. Por tremenda que sea nuestra quiebra, hay remedio absoluto en Jesucristo. Como él nos compró, con ese precio podemos también nosotros *redimir el tiempo* (Ef. 5:16; Col. 4:5), sacándolo del mercado de esclavos del demonio, para consagrarlo a Dios, puesto que en el cañamazo del tiempo está entramada nuestra vida terrenal. Redimir el tiempo es aprovechar todas las *oportunidades* (el "kairós") que Dios nos ofrece (cf. Rom. 12:1-2). Como dice Bernardo de Claraval, podemos redimir el tiempo convirtiéndolo en eternidad: con el arrepentimiento, se redime el pasado; con la fe, el presente; con la esperanza, el porvenir.

C") De esta manera, ya no caben entre los creyentes los complejos, porque: (a) en la Iglesia no hay *inútiles,* porque cada uno tiene su don que ejercitar y su servicio que desempeñar (léase atentamente todo el cap. 12 de 1.ª Cor.); (b) ni *mutilados de guerra,* porque todo lo podemos en el Cristo que nos da fuerza (cf. 2.ª Cor. 12:10; Flp. 4:13).

CUESTIONARIO:

1. ¿En qué consiste la imagen de Dios en el hombre? — 2. ¿Cómo se deterioró la imagen de Dios en el hombre? — 3. ¿De cuántas maneras se ha perdido el hombre? — 4. ¿A costa de quién queda restaurada la imagen de Dios en el hombre? — 5. ¿Qué hace Dios en nosotros, y qué debemos hacer nosotros mismos para reparar el tiempo perdido? — 6. ¿Por qué no cabe en un verdadero creyente el complejo de inferioridad?

LECCION 19.ª LOS ELEMENTOS DE LA ACCION ETICA

1. Definición

Acción ética es la que dice relación de conformidad o disconformidad con la norma del bien obrar. Para que una acción esté éticamente cualificada, ha de ser específicamente humana, es decir, ha de ser consciente y responsable.

2. Análisis del acto moral

A) *El acto moral tiene una contextura existencial.* En cada acto moral se expresa el hombre *entero,* en su situación presente y tras un juego de reales o imaginarios valores, cuya influencia como *motivos* de la acción sólo Dios conoce (Una respuesta de Kung-fu al juez: "vi su revólver disparando, pero no pude ver su corazón"). De ahí que sólo Dios puede juzgar con imparcialidad y certeza.

B) Cada decisión humana está condicionada por la herencia, el ambiente, la educación, los impulsos del subconsciente y del inconsciente.

C) El libre albedrío fue dañado en su base por el pecado original. El hombre nace *egocéntrico,* "con un amor tal de sí mismo, que llega hasta el odio de Dios" como escribe Agustín de Hipona. Responsable y voluntariamente está inclinado al pecado y marcha por el camino de su propia perdición. No es el destino fatal o un agente exterior cualquiera lo que le determina, sino su propio interior *carácter* pecaminoso, por el cual es *esclavo* del pecado, y de cuya esclavitud sólo la verdad de Jesucristo le puede liberar (Jn. 8:32ss.), pues *"donde está el Espíritu del Señor, allí hay libertad"* (2.ª Cor. 3:17). La suprema responsabilidad —salvación o condenación— alcanza al hombre cuando se abre o se cierra a la luz. De acuerdo con Jn. 1:9; 3:17-21; Hech. 17:30; Rom. 2:4-5; 1.ª Tim. 2:4, opinamos que Dios a todos otorga la luz suficiente y alguna operación de su Espíritu, para que los inconversos queden sin excusa.

D)   Además de su congénita inclinación al mal, todo lo que destruye o disminuye el equilibrio mental, emocional y volitivo del hombre, es un nuevo impedimento para la libertad del acto moral, al descompensar el recto juicio sobre los valores que influyen en la motivación; estos impedimentos son: (a) la ignorancia y el error; (b) la coacción exterior, incluyendo los efectos de una propaganda masiva; (c) la compulsión interior, por enfermedad mental. drogas, etc.

3.   La coloración del acto moral

A')   *Materia*. Toda la dinámica del acto moral gira en torno a dos ejes: el amor de Dios y el amor del mundo, con sus tres concupiscencias (Sant. 1:14-15; 1.ª Jn. 2:15-17). Hay que tener en cuenta que no hay *objetos* intrínsecamente malos. El sexo, los alimentos, las posesiones, el mundo entero, son obra de Dios y buenos en sí. Sólo es pecaminoso *el uso indebido* de las cosas, por contravenir la voluntad de Dios. Por otra parte, todo lo que *induce* al pecado, a causa de la actual condición del hombre caído, aunque se cubra con la capa de moda, arte, literatura, etc., es *inmoral*. De ahí que el manido slogan de la licitud del "arte por el arte" no es válido, como reconoce el propio Ortega y Gasset. ¿Existen pecados *graves* y *leves*? La Palabra de Dios no conoce tal distinción, y mucho menos la de *mortales* y *veniales,* pero sí es cierto que hay abominaciones mayores que otras, aunque todo pecado tiene una raíz igualmente corrompida (cf. por ej. 1.ª Jn. 3:14-15).

B') *Circunstancias.* Hay circunstancias que añaden nueva malicia a la acción pecaminosa, siendo internas al acto mismo, como la circunstancia de ser casado añade a la fornicación la malicia de adulterio. Otras circunstancias son exteriores, y pueden hacer ilícito lo que de suyo sería legítimo, como es toda acción de suyo honesta que cause tropiezo en la conciencia de una persona de criterio moral mal formado (cf. Rom. 14:14-23; 1.ª Cor. 8:7-13). Ya decían los antiguos romanos: "La mujer del César, no sólo ha de ser buena, sino que tiene que parecerlo".

C') *Consecuencias.* Está muy difundida la idea de que está permitido hacer un *mal menor,* o inducir a él, para evitar un mal mayor. Por ejemplo: inducir a un hombre a que se emborrache para impedir que cometa un asesinato. La única ética correcta no es la del *mal menor,* sino la del *mayor bien* posible. Lo contrario es una falta de obediencia a la voluntad de Dios y una falta de fe en su poder. A cierto individuo que hablaba de incurrir en un mal menor para evitar peores consecuencias, le replicó Spurgeon: "Su deber es hacer lo que Dios manda; de las consecuencias se encarga Dios."

4. La motivación

Se llama *motivo* lo que "mueve" a la voluntad a obrar en determinado sentido. Los motivos se dividen en *determinantes* o *influyentes,* según que su peso sea o no decisivo para el rumbo del acto moral. El motivo adquiere su fuerza de un *valor* real o imaginario que un determinado *bien* parece poseer en orden a la consecución de un *fin.* La apreciación correcta del último fin de la acción moral influye decisivamente en el juicio sobre la escala de valores que aparecen a la conciencia como motivos para obrar o abstenerse de obrar, obrar en un sentido o en otro.

Para adquirir un criterio moral correcto sobre la escala de valores es preciso en el hombre caído un "cambio de mentalidad" (Mc. 1:15), que, a su vez, postula una constante *"renovación de nuestro entendimiento"* (Rom. 12:2), por la que vamos amoldándonos a *"la mente de Cristo"* (1.ª Cor. 2:16, comp. con Jn. 4:34; Flp. 2:5ss.). En contraposición a la Ética de la Ley, de formulación predominantemente negativa (8 de los 10 mandamientos del Decálogo van encabezados por un "no"), la Ética de la Gracia es eminentemente *positiva: "Y éste es su mandamiento: Que creamos en el nombre de su Hijo Jesucristo, y nos amemos unos a otros como nos lo ha mandado."* (1.ª Jn. 3:23).

Repetimos que en cada acto moral se realiza el hombre entero. Cada *acto,* dentro de una *actitud,* es fruto de una *opción fundamental* (un "sí" o un "no" decisivos que hemos dicho a Dios), que presta *totalidad* perdurable a la conducta humana.

¿Hay actos moralmente indiferentes? Aunque algunas acciones puedan parecer indiferentes en abstracto, en concreto todo acto queda éticamente coloreado por el fin, o sea, la intención actual o virtual con que lo realizamos. Todo lo que se hace para gloria de Dios con acción de gracias, es bueno (1.ª Cor. 10:30-31; Col. 3:17; 1.ª Tim. 4:3-5). Si falta tal intención, es defectuoso.

En un conflicto de deberes, hay que escoger siempre el valor más alto. Por ejemplo, en la alternativa de tener que obedecer a Dios, o a una autoridad humana, es menester obedecer a Dios, arrostrando las consecuencias (Hech. 4:19; 5:29). Si hay que elegir entre la vida de la madre o la del feto, aquella es más importante.

5. Clases de motivos

A") *Motivos dignos:* (a) Como primer motivo, ya hemos señalado la gloria de Dios, que explícita o implícitamente ha de influir en todas las decisiones de un creyente. A esto equivale el motivo de complacer a Dios (Rom. 8:8; 12:1; 2.ª Cor. 5:9; Ef. 5:8-10; Col. 3:20; 1.ª Tes. 2:4; 4:1); (b) la edificación de la Iglesia (1.ª Cor. 8:1; 10:23; Ef. 4:15-16,

25-29; 1.ª Tes. 5:11); (c) la estima de la recompensa eterna
(Rom. 2:5; 13:11-14; 1.ª Cor. 7:28-29 —la fugacidad de
la vida presente—; 15:55-58; 1.ª Tes. 5:2-11; Apoc. 14:13).
    B") *Motivos indignos:* (a') la gloria humana (Mt. 6:1-2-
5-16; Jn. 5:42-44). Es significativa la frase de Jesús: *"ya
tienen su recompensa"*. En efecto, ya tienen *lo que buscaban;*
no pueden reclamar una recompensa celestial; (b') el temor
humano, como el obrero que sólo trabaja de recio cuando
lo ve el amo (Ef. 6:6); (c') el arrepentimiento por temor al
castigo o, en frase de Lutero, "la contrición del patibulario"
(2.ª Cor. 7:9-10), en que el temor a la pena se convierte en
motivo único, en vez de ser concomitante (Mt. 5:29; 10:28;
18:9; 23:33). Cuando faltan la fe y el amor, el remordimiento
lleva a mayor condenación. Así le pasó a Judas, quien, tras
entregar a Cristo, sobrepasó a Pedro en cuanto al volumen
de su arrepentimiento, de su confesión y de su expiación, pero
le faltó el necesario ingrediente de la fe amorosa que Pedro
poseía.

6.   ¿Mérito o recompensa?

    La Palabra de Dios no reconoce *mérito* alguno en nues-
tras acciones delante de Dios. De suyo *"todas nuestras justi-
cias* son *como trapos de inmundicia"* (Is. 64:6), pues nada
tenemos que no hayamos recibido (1.ª Cor. 4:7) y *nuestra
competencia* —incluso para un pensamiento bueno— *proviene de Dios* (2.ª Cor. 3:5). De modo que, después de cumplir
todo lo que el Señor haya mandado, hemos de decir: *"Siervos
inútiles* —sin provecho— *somos, pues lo que debíamos hacer,
hicimos"* (Lc. 17:10).
    Pero sí hay *recompensa* prometida para toda obra buena,
aunque no sea más que por un vaso de agua fresca dado con
amor (Mt. 10:42). Pablo habla de *la corona de justicia* (2.ª
Tim. 4:8), como la guirnalda de laurel sobre la cabeza del
vencedor: recompensa prometida (1.ª Tim. 6:12; Sant. 1:12;
1.ª Ped. 5:4; Apoc. 2:10), que Cristo ha ganado para los
justos (Tito 3:5-6), que surge de la *justicia,* como las obras

surgen de la fe (1.ª Tes. 1:3), la acción surge del amor (Gál. 5:6) y la paciencia surge de la esperanza (Heb. 10:35-36). Es, pues, *justamente* concedida al *justo,* cuya conducta ha estado en conformidad con la voluntad de Dios (cf. 1.ª Tim. 6:11; 2.ª Tim. 2:22; 3:16; Tito 3:5).[6] Apoc. 14:13 llama *felices* a los que mueren en comunión con el Señor, prometiéndoles un descanso en sus trabajos, *"porque sus obras con ellos siguen";* nótese que las obras no van delante, como si fuesen méritos, ni detrás, como si la recompensa se hiciese de esperar, sino "siguen con ellos", como dándoles escolta.

7. Hábito y rutina

En la vida espiritual no hay *capitalistas;* siendo *todo de gracia,* el creyente vive día a día de la renta de poder que Dios le va concediendo en cada momento. En la medida en que nos sentimos débiles con nuestras propias fuerzas, obtiene su gloria el poder que Dios nos da para vencer (2.ª Cor. 12: 9-10). Por eso, hemos de pedir *el pan de cada día* (Lc. 11:3), como hay que tomar la cruz *cada día* (Lc. 9:23). Nos basta con la gracia que Dios nos va dando gota a gota para el momento *presente,* que es el que cuenta.

Esto no impide que el ejercicio constante de la virtud vaya produciendo buenos *hábitos* de conducta. Cuando un, creyente se ha ejercitado por largo tiempo en tener las antenas alerta al Espíritu de Dios para comprobar en cada momento *"cuál sea la buena voluntad de Dios, agradable y perfecta"* (Rom. 12:2), llega a cuajar como un cierto *instinto* para descubrir las indicaciones de la voluntad de Dios y para seguirlas con creciente docilidad, sin llegar al *perfeccionismo,* pues por muchos y muy buenos hábitos que hayamos adquirido, siempre será verdad lo que dice Santiago: *"todos ofendemos muchas veces"* (Sant. 3:2).

El óxido del hábito es la *rutina.* El hábito nos da facilidad para hacer con la destreza y rapidez necesarias actos que no

---

6. V. W. Hendriksen, **Timothy and Titus** (London, Banner of truth, 1964), p. 316.

requieren una consciente ocupación de nuestras facultades superiores, pero la rutina es la muerte de la vida. El rito practicado inconscientemente, la lectura maquinal, la plegaria de cliché, son ramas secas del árbol de la conducta, que provocan las náuscas de Dios al par que empobrecen nuestra personalidad espiritual. Lo mismo digamos de fórmulas de profesión de fe, de estatutos y reglamentos que pierden flexibilidad e impiden la libre acción del Espíritu en una comunidad eclesial.

CUESTIONARIO:

1. ¿Qué prerrequisitos necesita una acción para ser cualificada éticamente? — 2. ¿En qué estado se encuentra el albedrío del hombre y qué elementos lo condicionan? — 3. ¿Tienen los objetos bondad o malicia propia? — 4. ¿Es bíblica la división en pecados mortales y veniales? — 5. ¿Qué circunstancias modifican la condición ética de un acto? — 6. ¿Es correcta la ética del "mal menor"? — 7. ¿En qué consiste la motivación? — 8. ¿Se dan actos moralmente indiferentes? — 9. Motivos dignos de obrar y motivos indignos. — 10. ¿En qué se distingue una acción meritoria de una acción recompensada? — 11. ¿Pueden formarse hábitos espirituales? — 12. Efectos de la rutina.

LECCION 20.ª LA NORMA DEL HOMBRE NUEVO

Hemos visto en la lección 16.ª cuál es el carácter de la andadura ética del cristiano: un constante Exodo, que comporta purificación y santificación, positiva, para hacer realidad la participación de la naturaleza divina y la semejanza con el Primogénito, mediante la crucifixión al "yo", a la carne y al mundo, y la docilidad al Espíritu Santo. Un *nuevo nacimiento, con una nueva vida,* para UN HOMBRE NUEVO (Jn. 3:3; Rom. 6:4; 1.ª Cor. 15:49; 2.ª Cor. 5:17; Gál. 6:15; Ef. 2:10-15; 4:24; Col. 3:10) Y, para un *hombre nuevo, una nueva norma* (Ez. 36:25-27, aunque tenga una primera referencia a Israel).

1. Concepto de «norma»

El vocablo "norma" se deriva del griego "gnórisma" = señal, marca, medida reconocible. En sentido ético, designa la regla moral a la que deben ajustarse nuestros actos. Puede ser:

A) *Constitutiva,* que consiste en la perfección propia de cada ser. De ahí que la perfección existencial definitiva, escatológica, marca la norma radical del ser humano (*"el amor nunca deja de ser"* 1.ª Cor. 13:8). Esa perfección definitiva (¡salvación eterna!) es la necesidad radical del hombre (Rom. 3:23), y a una mayor *necesidad* corresponde una mayor *obligación:* cuanto mayor valor tiene un bien para el hombre, mayor es la necesidad y urgencia de alcanzarlo (Mc. 8:35-37).

Por eso, la *verdad* del hombre es su correcta relación con Dios y con el plan que tiene sobre nosotros: el temor de Dios y la observancia de sus mandamientos es "*el todo del hombre*" (Ecl. 12:13). En su condición original, la imagen de Dios en el hombre reflejaba nítidamente en la conciencia esta norma constitutiva de la conducta ("cada *ser* tiene su propio *obrar*", según el adagio filosófico). Deteriorada la imagen de Dios por el pecado, el hombre debe reencontrar su norma en la voluntad de Dios, conforme El la ha revelado.

B) *Preceptiva.* Toda norma presupone un legislador. La naturaleza humana por sí sola no podría constituir su propia ley, porque no es autónoma; no le *ligaría* éticamente, si no fuese por reflejar la norma preceptiva, la *ley* del Supremo Hacedor y Rector del Universo. Dios ha puesto su ley:

(a) *natural,* escrita sin letras en el corazón de todo hombre. Pablo dice que "cuando los gentiles que no tienen ley, hacen *por naturaleza lo que es de la ley,* éstos, aunque no tengan ley, son ley para sí mismos, mostrando la obra de la ley escrita en sus corazones" (Rom. 2:14-15a).

(b) *escrita* en las dos tablas del Decálogo (Ex. 20; Deut. 5), y seguida de detalles y prescripciones de toda clase. Como puede verse por dichos lugares, esta Ley marcaba el pacto con el pueblo de Israel, un *pacto de esclavitud* (Gál. 4:24; 5:1), y, por tanto, en su forma escrita, *afectaba sólo a los judíos.*

C) *Declarativa.* Para que una ley obligue en concreto a una persona, es preciso que sea suficientemente promulgada y se haga conocer de los sujetos a quienes afecta. Por tanto, la ligadura próxima e inmediata de la norma con el sujeto moral es la *conciencia* ("con-sciencia" = saber dentro de sí), por la cual nos percatamos de la existencia de la ley y de nuestra obligación de observarla (Rom. 2:15: "...*dando testimonio su conciencia, y acusándoles o defendiéndoles sus razonamientos"; 3:20: "por medio de la ley es el conocimiento del pecado; 14:23: "Pero el que duda sobre lo que come, es condenado, porque no lo hace con fe* —con seguridad de conciencia—; *y todo lo que no proviene de fe, es pecado"*).

2. «No estáis bajo la Ley, sino bajo la Gracia» (Rom. 6:14)

Entramos en un punto difícil y muy discutido dentro de los mismos creyentes evangélicos: ¿Es todavía el Decálogo la norma moral del cristiano?

Antes de responder a esta pregunta, es preciso adelantar la necesidad de evitar dos extremos igualmente antibíblicos: 1) el *legalismo,* que hace de la letra del Decálogo la "horma" de la conducta moral del cristiano, y cuya observancia lleva a la salvación (justicia propia), mientras que su inobservancia acarrea la condenación; 2) el *antinomianismo* (de "anti" = contra, y "nomos" = ley), según el cual, en virtud del perfecto cumplimiento de la Ley por parte de Cristo, el creyente queda completamente desligado de toda obligación moral, siéndole suficiente la fe en Cristo, como su Salvador y Sustituto.[7]

No cabe duda de que la Ley no es *un medio de salvación:* "*el hombre es justificado por fe SIN LAS OBRAS DE LA LEY*" (Rom. 3:28). Tampoco cabe duda de que la Ley ya no tiene *poder para condenar* al creyente: "*Ahora, pues, NINGUNA CONDENACION HAY para los que están en Cristo Jesús*" Rom. 8:1. El resto del versículo es una añadidura tardía —y falsa— de algunos MSS). Los textos novotestamentarios podrían multiplicarse, pero no es preciso, pues en estos dos aspectos, todos estamos de acuerdo. Queda un tercer aspecto: ¿Es la Ley escrita, el Decálogo, como aparece en Ex. 20 y Deut. 5, la norma ética del cristiano?

Rectificando mi anterior opinión sobre esta materia, expresada en mi libro *Catolicismo Romano* (Tarrasa —CLIE— 1972), p. 122, nota 42, contesto de la siguiente forma:

A') *El Decálogo o Ley escrita no es la norma moral del creyente.* La razón es muy sencilla: Esta Ley era el pacto (pac-

---

7. Los antinomianos sostienen, por ej., que cuando se nos prohíbe la fornicación o el adulterio, ha de entenderse en sentido espiritual: ir tras los dioses ajenos.

to de esclavitud) para el pueblo de Israel (Ex. 19:5; Deut. 5: 2), no para los gentiles (Rom. 2:14 *"no tienen ley"*). Ahora bien, la salvación por el mensaje del Evangelio es para todas las naciones (Mt. 28:19). ¿Quedarán los gentiles obligados al *pacto de esclavitud* al hacerse cristianos? Evidentemente que no. Tenemos un texto clave: Rom. 10:4 dice así: *"Porque el fin de la ley es Cristo, para justicia a todo aquel que cree"*. J. Murray, cuya competencia como exegeta de la mayor relevancia es indiscutible, demuestra que el significado del término *télos* = fin, en este contexto, no es *punto de destino,* sino *terminación,* por las siguientes razones: (a) Este es su significado preponderante en el N. T., especialmente en Pablo (*cf*. Mt. 10:22; 24:6,14; Mc. 3:26; Lc. 1:33; Jn. 13:1; Rom. 6:21; 1.ª Cor. 1:8; 15:24; 2.ª Cor. 1:13; 3:13; 11:15; Flp. 3:19; Heb. 6:11; 7:3; 1.ª Ped. 4:7); (b) en esta frase, *télos* es ciertamente predicado, no sujeto, de la oración gramatical. Si el vocablo significase *designio* o *destino,* lo normal es que el Apóstol lo pasase a sujeto para expresar que la culminación del propósito de la Ley era Cristo; (c) en todo el contexto próximo y remoto, se plantea la antítesis entre la justicia de la ley (por obras) y la justicia de Dios (por la fe); por tanto, la idea más apropiada para este contexto es que el Apóstol habla en el vers. 4 de la ley como medio de justificación ante Dios y de que Cristo, al proveer con Su obra redentora un medio de justificación diferente, la fe, acaba con la función justificante de la Ley. [8] Y no olvidemos que el modo de *andar* del cristiano es el mismo de *creer* (Col. 2:6). Ahora bien, Cristo ha derribado el muro de separación, de modo que todos los *creyentes* (Rom. 10:4), judíos o gentiles, forman un solo Cuerpo en El (Ef. 2:14-16). La Ley, pues, queda abolida para todos (Rom. 3:19-31; 4:1-24; 6:14-7:6; 10:4; Gál. 3:24; 5:4-6); más aún, clavada en la Cruz del Calvario (Ef. 2:15, comp. con Col. 2:14) [9] Volver a la ley

---

8. V. J. Murray, **Romans** (London, Edinburgh, Marshall, Morgan and Scott, 1967), II, pp. 49-51.

9. No puede hablarse de algo solamente **ceremonial,** puesto que, para Pablo, la Ley formaba un todo compacto (**cf.** Gál. 5:3-4).

es caer de la gracia, como la gracia nos libera de la ley (Rom. 7:4, comp. con Gál. 5:4). ¿Quiere esto decir que los creyentes estamos sin Ley? ¡No! No estamos bajo la Ley escrita del Decálogo, pero estamos bajo la Ley de Cristo. Así, pues,

B') *La norma moral del creyente es la Ley de Cristo.* En 1.ª Cor. 9:21, dice Pablo: "*... no estando yo sin ley de Dios, sino bajo la ley de Cristo"*. Había dicho en el vers. anterior: "*... aunque YO NO ESTE SUJETO A LA LEY...*". La ley sólo *sujeta* cuando *obliga,* puesto que *obligar* significa *atar. Sin embargo,* Pablo no se declara autónomo o *"ánomos"* (sin ley), sino *"énnomos Christú"* = *en la ley de Cristo,* "sujeto a la voluntad de Cristo por las operaciones del Espíritu de Dios".[10] ¿Cuál es la Ley de Cristo, que perfecciona, consuma y acaba (Gál. 5:23: "*... contra tales cosas no hay ley"*) con la Ley escrita? Naturalmente *Su* mandamiento: *el amor mutuo,* como verdadero distintivo del cristiano, que condensa, cumple y rebasa la Ley (Lev. 19:18; Jn. 13:34-35; 15:12-17; Rom. 13:8-10; Gál. 5:14, la ley de la libertad: 2.ª Cor. 3:17; Gál. 5:13; Sant. 1:25-27; 2-8; 1.ª Jn. 2:7-11; 3:14-18-23; 4: 7-8, 11,20-21; 5:1-2, 2.ª Jn. vers. 5). Así, las "Diez palabras" se condensan en la "Palabra" (Jn. 1:1-14-18), cifra viva de la *Torah* o *Sabiduría* de Dios (Sal. 119:105, comp. con Prov. 1:20-23; 8:22-32), y los *muchos* mandamientos se condensan en *un solo* mandamiento (por la *identidad* del Amor que salva: Jn. 3:16; 1.ª Jn. 3:16-23; 4:21). Así, la cadena de hierro de la Ley se transforma en cadena de oro del amor.[11] En efecto, a una buena madre, le sobra (y hasta

---

10. E. Trenchard, 1.ª **Corintios** (Madrid, Editorial Literatura Bíblica, 1970), p. 145.
11. Se cuenta de un hombre que vivía en una granja y compró un fiero mastín para tener bien custodiada su finca. El perro era tan indómito que tuvo que atarle una gruesa cadena de hierro, y así lo sacaba a pasear. Pasado algún tiempo, el amo probó a dejarlo suelto. El perro, viéndose libre, se lanzó a toda carrera lejos de su amo. Pero enseguida volvió para no separarse más de él, por el afecto que le había cobrado. Ya no necesitaba la cadena de hierro, porque le sujetaba una cadena de oro: la del amor. Una vez más nos viene a las mientes lo de Agustín: "Ama, y haz lo que quieras".

le insulta) el mandamiento: "no matarás a tus hijos". Entendido el *amor* como genuino *agape* divino, del que hablaremos en la lección siguiente, ya se comprende cómo el amor *cumple perfectamente la Ley,* no porque la Ley sea su *norma obligante,* sino porque *le constriñe el amor de Cristo* (2.ª Cor. 5:14) a hacer sólo lo que sea *justo* y provechoso para la gloria de Dios y el bien de los demás.

C') *En el mandamiento de Cristo* subyace, de forma positiva, todo lo que *"por naturaleza es de la ley"* (Rom. 2:14). Es decir, el creyente *no puede practicar* (1.ª Jn. 3:4-10) *el pecado.* Una "praxis" pecaminosa denotaría una falsa profesión de fe. Así escapamos del antinomianismo. O sea, si hay en el creyente *genuino amor,* al cumplir así la Ley de Cristo, cumplirá también todos los aspectos positivos del Decálogo *en lo que tiene de común con la ley natural,* y los rebasará, por el Espíritu, en cantidad y calidad, PERO ESTARA EXENTO DE LOS MANDAMIENTOS MERAMENTE CULTUALES O CEREMONIALES DEL DECALOGO, como son el 2.º y el 4.º. Esto me parece de la mayor importancia, porque, a no ser que admitamos en este aspecto que *"las cosas viejas pasaron; he aquí todas son hechas nuevas"* (2.ª Cor. 5:17, comp. con Rom. 14:1-6; Gál. 4:10; Col. 2:16), nos quedamos sin razones fuertes contra la insistencia de judíos y adventistas en la obligación de guardar el sábado como día de reposo claramente mandado en el Decálogo. El día de reposo del cristiano es el "Hoy" de salvación (Heb. 4:4-11), en lo que el Padre y el Hijo *no guardan día de fiesta* (Jn. 5:17). En cuanto al 2.º mandamiento, que prohibía hacerse imágenes, no es ya ilegítimo el *hacerlas,* sino el *venerarlas* como objetos de adoración o de intercesión (tal era, en realidad, el *espíritu* del 2.º mandamiento).

D') *Por tanto, podemos concluir que, en realidad, para el creyente ya no* hay *obligación,* sino *devoción* (la consagración total de Rom. 12:1), como tampoco se le exigen *obras,* sino *fruto.*

CUESTIONARIO:

1. Concepto y clases de "norma" ética de conducta. — 2. ¿De qué hay que huir en esta materia? — 3. ¿Es el Decálogo nuestra norma, a la luz de Rom. 10:4 y otros textos? — 4. ¿Qué comporta estar en la ley de Cristo? — 5. ¿Qué aspectos del Decálogo, subyacentes a la Ley de Cristo, podemos decir que tienen alguna vigencia, y cuáles desaparecen?

LECCION 21.ª LA PRIMACIA DEL AMOR EN LA ETICA CRISTIANA (I)

1. Cuatro clases de amor para cuatro clases de vida

Aunque parezca que la palabra "amor" ha quedado degradada por la maldad del hombre, el origen del verdadero amor es divino, como veremos, hasta tal punto que los cristianos, en frase de Bossuet, "somos los únicos que podemos decir que nuestro Amor es un dios", porque "*Dios es Amor*" (1.ª Jn. 4:8-16). Hemos visto que el que *ama* cumple la Ley, pero este amor es sólo el *agape*. En efecto, en el ser humano pueden hallarse cuatro clases de *amor*, para cuatro *zonas del vivir;* las encabezamos con sus vocablos griegos del N.T.:

A) "*Epithymía*" = amor de *concupiscencia,* que responde a los impulsos del instinto y se encuentra en todos los malos deseos de la carne, especialmente la *codicia,* que es la peor idolatría (Col. 3:5), y pretende, a base de riquezas, establecer un buen "tren de *vida*" (el "*bios*" de 1.ª Jn. 2:16; 3:17).

B) "*Eros*" = amor de posesión *sexual.* De suyo, es bueno y ordenado por Dios en el matrimonio, tanto que la LXX lo emplea para expresar la relación marital de Yahveh con su pueblo Israel. Su abuso comprende una variada gama de pecados que aparecen con profusión en las 7 listas ya mencionadas en la lección 14.ª, p.º 6. Está afincado, en su ejecución, en la zona de la *vida somática,* y de esa encarnacionalidad proviene su tremenda peligrosidad, que destaca Pablo al decir: *"Cualquier otro pecado que el hombre cometa, está fuera del cuerpo; mas el que fornica, contra su propio cuerpo peca"* (1.ª Cor. 6:18).

C) *"Philía"* = amor de *amistad,* entrañable y correspondido. Es en sí bueno, y el Hijo de Dios no desdeñó el tenerlo (Jn. 11:3: "philéis"; 21:15-17, donde resulta curioso notar que el Señor emplea dos veces "agapás" y una "philéis", mientras que Pedro —impulsivo, emotivo, entrañable— responde las tres veces "philó"). Este amor está afincado en la *"psyché",* considerada, no como la *vida* terrenal, temporal, natural, en contraste con la eterna (Mt. 10:39 y paralelos), sino como asiento de lo instintivo y *emocional.*

D) *"Agápe"* = amor de pura *benevolencia,* amor puro, que no mira al propio interés, que sigue amando aun sin ser correspondido (Jn. 3:16; Rom. 5:8-10; 2.ª Cor. 12:15 —magnífico ejemplo de Pablo—; 1.ª Jn. 3:1 —el original dice "Mirad de que región nos ha dado su amor el Padre...", como diciendo: sólo del Cielo pudo venir tal amor—; 4:10-19). Este amor procede de Dios, como de El procede la *zoé,* la verdadera *vida,* (*zoé aionios* = vida eterna), que nos vino por medio del Hijo (Jn. 10:10), porque en El estaba (Jn. 1:4), comunicada del Padre (Jn. 5:26). Este fue el objetivo directo de la Encarnación: que tuviésemos *vida eterna,* por el inmenso *"agápe"* del Padre (Jn. 3:16).

2. El amor, brújula de la vida del hombre

Así como los animales se orientan por el instinto, el hombre se orienta por el amor (Jn. 7:17). Es cierto que la mente recibe la luz, pero es el amor el que abre las ventanas. De ahí que la fe sea *energizada* por el amor (Gál. 5:6; nótese que el verbo está en la voz media; es, por tanto, incorrecta la versión "que obra" de la R.V. y otras), como la incredulidad es energizada por la autosuficiencia egoísta (Jn. 5:42-44). Por eso dijo bellamente Agustín de Hipona: "Dos amores

hicieron dos ciudades: la terrena la hizo el amor de sí hasta
el desprecio de Dios; la celeste, el amor de Dios hasta el
desprecio de sí mismo" [12]. He aquí dos brújulas distintas, dos
orientaciones diametralmente opuestas: la una implica la
aversión (volver la espalda) a Dios por el pecado; la otra, la
conversión (volverse de cara) a Dios por la fe viva. Con la
brújula correcta, guiados por el Espíritu de Dios (Rom. 8:14),
no por la carne (Rom. 8:4-15), se va por el camino de la
salvación y de la felicidad es decir, de la vida, de la luz,
del amor y de la libertad [13]. Ello requiere del hombre, del
creyente, una completa *consagración* (Rom. 12:1) al único
Dios verdadero, fuente única de salvación, de felicidad, de
vida plena.

3. El amor en una Etica existencial cristiana

Una Etica personalista y existencial tiene perfecta cabida
en el concepto bíblico de *agape:*

A') Si consideramos a la persona humana como una
existencia caracterizada por la autoconciencia, la autodecisión
y la originalidad irrepetible, la vemos también abierta hacia
el "tú" y religada al Absoluto, cuya imagen congénita posee.
Se encuentra ahora dentro de una común *ruina,* pero también,
por la misericordia divina, dentro de una general oferta de
salvación (1.ª Tim. 2:4-5). En esta alternativa que Dios le
ofrece, de rechazar o escuchar el llamamiento a la salvación,
mediante el arrepentimiento y la fe (Mr. 1:15; Hech. 17:30;
20:21), el hombre se juega su existencia *total.* De la misma
manera que es inexacto decir que el hombre *comete* pecados,
si no se añade que él mismo *es* pecador, también es inexacto
decir que el hombre *hace* cosas buenas, si no se puede añadir
que él mismo es justo, recto: que *todo su ser* está correctamente relacionado en sus tres dimensiones: con Dios, consigo

---

12. V. Rouet de Journel, **Enchiridion Patristicum,** n.º 1763.
13. Las cuatro grandes **eles** del idioma inglés: **Life, Light, Love,
Liberty.**

mismo y con el semejante. El hombre no salva o pierde simplemente *algo* (por ej. su alma), sino que es salvo o perdido eternamente como *persona*, íntegramente como *alguien*. Es cierto que *hace* pecados o justicia, pero sus obras malas o buenas no son *objetos* que él fabrica, sino *actos* que emanan de su interior (Mt. 15:19; Mc. 7:21) y marcan su *carácter* personal (Mt. 7:17; 12:33; Lc. 6:43-44 "árbol bueno o árbol. malo"). Por eso, la única riqueza verdadera de la persona no es lo que *tiene*, sino lo que *es* (V. Mt. 6:19-24). Su riqueza o su miseria puede, en cierto modo, *pesarse*, pero se trata, no de algo exterior, ni siquiera adhesivo, sino constitutivo de algo existencial que queda para siempre (comp. el "peso de gloria" de 2.ª Cor. 4:17, con el "peso de pecado" de Heb. 12:1, del que hay que desprenderse para alcanzar la verdadera libertad de Jn. 8:34). La fe *amorosa*, que pone la vista en *"el Autor y Consumador de nuestra fe"* estimula al sacrificio y a la continua renovación que produce la riqueza de nuestro ser personal (Rom. 12:1-2; 2.ª Cor. 4:16; Ef. 4:22-24; Col. 3:10; Hebr. 12:1-2; 13:15-16).

B') Si hasta aquí hemos ahondado en las raíces *ónticas* de la persona humana para atisbar la importancia de la brújula del amor en su existencia, no es de olvidar el dinamismo del amor en el plano *psicológico*. La persona, lo hemos dicho en otro lugar (lección 1.ª, p.º 2), *surge* a la existencia como un manojo de *posibilidades*, pero se *hace* como conjunto de *realizaciones*, escogiendo entre esa gama de posibilidades para decidir en cada momento *algo nuevo*, que muchas veces es decisivo para nuestro futuro y va estrechando el campo de lo elegible (tal pasa con la profesión, el matrimonio, la instalación en un país, etc.). Para la salud mental de la persona, es preciso que ésta busque el modo más adecuado de *realizarse* dentro de un normal sentido de comunidad, con lo que escapará de complejos y represiones, siendo siempre consciente de lo mucho que *puede* con la fe en Dios (Mc. 9:23; Sant. 5:16) y sintiéndose siempre insatisfecho con lo poco que *hace* (Lc. 17:10). Nuestro mal estriba, por lo común, en que hacemos precisamente lo contrario: nos ufanamos de lo que hacemos y no nos estimulamos a realizar lo que podemos. Aquí el papel del amor es decisivo, no sólo porque es el gran estimulante de la acción (2.ª Cor. 5:14; 12:15: Gál. 5:6), sino porque es el imán que atrae hacia el bien amado, para ser transformado por él. Según un bello pensamiento de G. Thibon [14], podemos decir que "no somos cazadores, sino presas": somos lo que comemos; nos transformamos en, aquello que amamos, según las bellas frases de Agustín de Hipona: "Serás lo que amas: ¿Amas la tierra? Te transformarás en tierra ¿Amas el Cielo? Te transformarás en Cielo ¿Amas a Dios? ¿Qué diré? Pues sí, en cierto modo, te aseguro que te transformarás en Dios" (2.ª Ped. 1:4 "...partícipes de la divina naturaleza"). Por eso dijo el Señor que donde está nuestro tesoro, allí está nuestro corazón, (Mt. 6:21), pues lo que más apreciamos nos atrae como un imán. En este mismo sentido va el bíblico *conocer* afectivo y experimental en que se basa la verdadera sabiduría, la sabiduría de salvación (entre centenares de ejemplos, Jn. 7:17; 1.ª Cor. 8:3; el contexto anterior es de una inmensa riqueza de pensamiento, digna de meditarse; Gál. 4:9).

C') El aspecto netamente *ético* del amor aparece en su modo de influir sobre la *motivación,* puesto que él colorea de *bien* los valores éticos, influyendo así en las decisiones y en la conducta correspondiente, bajo la acción del Amor personal de Dios, el Espíritu Santo, quien, con el verdadero amor, confiere la verdadera libertad (Mt. 5:48; Jn. 3:8; Rom. 12:9-13:8; 2.ª Cor. 3:17; 1.ª Ped. 1:22; 1.ª Jn. 4:18). Siendo las facultades específicas del hombre (y, por tanto, las que especifican la acción ética como acción *humana*), la inteligencia, el sentimiento y la voluntad, los valores presentados por el amor influyen en la motivación actuando directamente, ya sobre las *ideas* y *convicciones* (Flp. 4:8, alimento espiritual, con proyección al exterior [15]), ya sobre los *sentimientos* (Flp.

14. En la primera página de su libro **El Pan de Cada Día.**

15. La Psicología Moderna y la Parapsicología muestran cómo una convicción fuertemente mentalizada puede ser proyectada al

2:5ss.), ya sobre las mismas *decisiones* (Rom. 8:14; 12:1; Ef. 5:2 *"andad* en amor..."; Flp. 1:6; 2:12-13, en que la *"eudokía"* = buena voluntad de Dios, que produce en nosotros todo lo bueno, nos estimula al mismo tiempo a colaborar con Dios en la tarea de la salvación con temor reverencial y responsabilidad).

CUESTIONARIO:

1. Cuatro acepciones del término "amor", para cuatro aspectos de la vida. — 2. ¿Qué importancia tiene el amor para la orientación básica de la conducta? — 3. Papel del amor dentro de una Etica existencial, en los planos ontológico, psicológico y específicamente ético.

---

exterior e **influir** —por medio de cierto fluído psíquico, parecido al electro-magnetismo— en las personas con quienes nos encontramos. Norman Vincent Peale asegura que ello nos proporciona un medio de "bombardear" con ideas de amor, simpatía, fe, consuelo y oración, a tantos semejantes necesitados de ayuda, que pasan a nuestro lado por calles y plazas, medios de locomoción, etc.

LECCION 22.ª LA PRIMACIA DEL AMOR EN LA ETICA CRISTIANA (II)

4. El amor, valor radical y eterno

La primacía del amor, como el *mejor de los dones* divinos y *el camino más excelente* para la andadura cristiana (1.ª Cor. 12:31), la muestra Pablo de una manera sublime en ese gran himno al amor, que es el cap. 13 de su 1.ª epístola a los fieles de Corinto. Y lo muestra de tres maneras:

A) *Porque sin el amor, todo lo demás no sirve para nada* (vv. 1-3). El Apóstol acumula en una lista impresionante todo lo mayor que el hombre puede saber: lenguas, profecías, ciencia; todo lo mayor que puede hacer: mover montañas con la poderosa palanca de su fe; todo lo mayor que puede dar: todos sus bienes a los pobres, y su cuerpo mismo a las llamas en aras de martirio. Todo ello no vale *nada* sin el amor: *"vengo a ser como metal... NADA SOY... de nada me sirve"*.

B) *Con amor, toda la conducta marcha a la perfección;* por lo que es capaz de hacer y por lo que no está dispuesto a hacer; el amor es:

(a) *sufrido* ("makrothyméi"): tiene una inmensa capacidad de aguante, una paciente longanimidad con los defectos, miserias y ataques de los demás (Rom. 12:18-21 *"... vence con el bien el mal"* [16]; Ef. 4:2; Col. 3:13).

_____

16. En la filosofía del famoso Kung-Fu se encuentra una sabia máxima: "Sólo te puede dañar el mal, si hay dentro de ti algo que le preste acogida". Pablo va más lejos, porque no sólo exhorta a defen-

(b) *benigno* ("chrestéuetai"): reacciona con amabilidad, no sólo con mansedumbre, en bien de los demás, aun cuando sea maltratado.

(c) *no tiene envidia* ("u zelói"): no tiene celos de los éxitos ajenos, algo que suele ser la prueba de fuego para el verdadero creyente, en especial para ministros del Señor (pastores, predicadores, maestros). Con razón dice el Dr. Lloyd-Jones que cuando un predicador oye con gusto a otro predicador, eso no puede venir sino del Espíritu de Dios. ¡Y qué solapadamente se suelen introducir esos celillos, aun so capa de buenísimas causas!

(d) *no es jactancioso* ("u perperéuetai"): no se hincha como un globo lleno de aire, ligero y frívolo.

(e) *no se envanece* ("u physiútai"): no se engríe, no es orgulloso, no busca imponerse por soberbia, está dispuesto a admitir sus defectos y a escuchar razones, consejos y reproches.

(f) *no hace nada indebido* ("uk aschemonéi"): no hace nada indecoroso, nada fuera de lugar, nada descortés. La genuina cortesía es la flor del respeto y del amor.

(g) *no busca lo suyo* ("u zetéi ta heautés"): el amor es la antítesis del egoísmo, y la única auténtica raíz del altruísmo.

---

derse del mal, sino a vencer con el bien el mal. D. Schwartz, en su libro **The Magic of Psychic Power** cuenta la interesante historia de un fabricante de ladrillos a quien estaba arruinando un competidor mediante calumnias acerca de la calidad de sus materiales. Estaba pensando cómo vengarse de él, cuando en un culto dominical oyó al predicador hablar de la enseñanza de Jesús acerca del modo de hacerse amigos de los enemigos. Aprendió bien la lección, y al primer cliente que le vino a pedir material, le envió a su propio enemigo con una tarjeta suya, tras decir al cliente que aquel señor tenía mejores ladrillos de la clase que él deseaba. Cuando el competidor envidioso recibió al cliente enviado por su odiado enemigo, no salía de su asombro. Moralmente derrumbado, tomó el teléfono y le dijo: Te pido perdón por todo el daño que haya podido hacerte, y ahora te propongo que unamos nuestras firmas para hacer prosperar conjuntamente nuestro negocio. La Palabra del Señor había producido la paz de los espíritus y, de rechazo, hasta la prosperidad material.

(h)   *no se irrita* ("u paroxínetai"): no es propenso a la susceptibilidad ni a ofenderse por injurias de cualquier clase; no se pone de mal genio.

(i)   *no guarda rencor* ("u logízetai to kakón): literalmente: "no calcula —o imputa— el mal" = tiende a pensar bien de las acciones de los demás, no es suspicaz, no busca malos motivos en las acciones ajenas, no almacena resentimientos ni recuerdos de ofensas ajenas.

(j)   *no se goza de la injusticia* ("u cháirei epí te adikía"): nunca experimenta ese agridulce placer que siente el hombre por naturaleza al hojear y ojear diarios y revistas en que sólo tienen cabida, por su morboso sensacionalismo, enfrentamientos políticos y bélicos, adulterios y divorcios, atracos y secuestros, bancarrotas y accidentes. "Mal de muchos, consuelo de bobos" dice nuestro refrán. El amor se duele de todo mal, de toda desgracia, de toda injusticia.

k)   *mas se goza de la verdad* ("syncháirei de te alethéia"): se congratula con las victorias de la verdad, del bien, de la justicia. Como dice L. Morris: "El amor comparte el gozo de la verdad. Se nos recuerda así que el amor no se puede regocijar cuando la verdad es negada" [17] (*Cf.* Jn. 8:56; 14:6; Ef. 4:21; 1.ª Tes. 2:10-12, donde también se enfrenta la *verdad* contra la *injusticia* o "adikía", como aquí).

(l)   *Todo lo sufre* ("pánta stégei"): todo lo excusa, todo lo cubre de bien pensar, todo lo aguanta, lo soporta y lo resiste.

(m)   *todo lo cree* ("pánta pistéuei"): entiéndase bien; quiere decir que el amor se inclina siempre a ver y creer lo mejor de los demás, a tener fe en una bondad ajena no desmentida notoriamente por hechos evidentes y malignos, a no dar fácil crédito a cuchicheos de comadres y murmuraciones malintencionadas. Con esta fe *en lo bueno,* nada tiene que ver la fácil credulidad del que se traga cuanto le dicen;

17.   **1 Corinthians** (London, The Tyndale Press, 1960), p. 185.

en este último sentido precisamente, el amor *no se lo cree todo*.

(n) *todo lo espera* ("pánta elpízei"): no se trata de un infundado optimismo, utópico e idealista, sino más bien de una especie de crédito concedido al poder de la gracia de Dios y a los puntos flacos que el hombre caído aún conserva para la acción del Espíritu, para que el fracaso moral de nuestros semejantes no nos desanime como en una batalla definitivamente perdida. Es una participación de esa esperanza que Dios tiene en nosotros (en realidad, en el poder de Su propia gracia y misericordia), cuando nos mantiene en este mundo, a pesar de nuestras miserias y caídas; un gran consuelo para los que se sienten fracasados o arruinados: mientras Dios nos conserva con vida, espera de nosotros *algo mejor*, PORQUE DIOS NO HACE NADA INUTIL.

(o) *todo lo soporta* ("pánta hypoménei"): al excusar y aguantar del 1.º de estos últimos cuatro miembros, éste añade la constante paciencia del que persevera, no en pasiva resignación, sino en positiva actividad, sin desmayo, cuando la defensa de la verdad o la salvación de un semejante parece para los demás *una causa perdida*.

¡Qué programa de vida cristiana, verdadera participación de la naturaleza divina! Todos los creyentes deberíamos leer cada mañana y cada noche estos cuatro versículos (1.ª Cor. 13:4-7) y hacer un sincero examen de conciencia, para ver hasta qué grado llega el termómetro de nuestra *vida de fe que se energiza a sí misma por el amor* (Gál. 5:6). No olvidemos que, a los ojos de Dios, *obrar el bien es mucho más importante que no obrar el mal;* tanto es así que el examen final que Cristo-Rey hará a las naciones, para eterna salvación o eterna condenación, será sobre CINCO ACCIONES DE AMOR y sobre CINCO PECADOS DE OMISION (Mt. 25: 31-46). Como decía Juan de la Cruz: "A la tarde, seremos examinados sobre el amor".

C') *El amor perdura por toda la eternidad.* En los 6 versículos restantes de 1.ª Cor. 13, Pablo enfatiza la importancia del amor por dos razones:

(a') *por su perennidad:* "*El amor nunca deja de ser*" (vers. 8): es eterno. Ello significa que el amor permanece durante esta vida y en la vida venidera en contraste:

1)   con los *carismas* extraordinarios de profecías, lenguas e interpretaciones, todo lo cual *cesará* ("páusontai") y *quedará inoperante* ("katargethésontai... katargethésetai"), incluso en la presente dispensación al llegar la iglesia a su madurez (vv. 8-11). Todos estos carismas, de los que tanto alardeaban los corintios, proliferaban mientras la iglesia estaba casi en pañales; pretender que han de tener siempre la misma relevancia, va contra la enseñanza paulina: primero, por su extensión: *no todos* necesitan hablar lenguas para ser creyentes perfectos (1.ª Cor. 12:30; 14: todo el capítulo); segundo, por su importancia: de la lectura del capítulo 14 se deduce a las claras que el don de *lenguas* es el menos importante de todos; tercero, por su duración: el uso del verbo "páuomai" = cesar, junto al verbo "katargéo" = dejar inoperante (aplicado a carismas similares), frente al verbo "pípto" = caer, usado para decir que el amor nunca decaerá (v. 8), y *especialmente* frente al verbo *méno* = quedar, aplicado a la fe y a la esperanza, *que también cesarán al final de esta vida,* es un argumento contundente contra la pretensión de que los carismas extraordinarios tienen ahora la misma vigencia que en la Iglesia primitiva.

2)   *con la fe y la esperanza* (vers. 12-13), las cuales, a pesar de *permanecer ahora,* también cesarán al final: la fe, para dar paso a la visión; la esperanza, para dar paso a la posesión (Rom. 8:24-25; Heb. 11:1); pero el amor perdurará reavivado constantemente por su propia llama.

(b')   *por su excelencia.* Después de todo lo grande que Pablo ha dicho sobre el amor, termina el capítulo con la frase: "*el mayor de ellos es el amor*".

5.   La Regla de Oro

Con el nombre de "*Regla de Oro*", se suele designar a Mt. 7:12, que dice así: "*todas las cosas que queráis que los hombres hagan con vosotros, así también haced vosotros con ellos; porque esto es la ley y los profetas."* Este versículo muestra una vez más el *pragmatismo* del amor. Este pragmatismo del amor se muestra a dos niveles: individual y social.

A") *A nivel individual,* por ser consecuencia directa del 2.º gran precepto de la Ley (Lev. 19:18): *"amarás a tu prójimo como a ti mismo",* en el cual se resume toda la Ley, según la enseñanza constante del Nuevo Testamento, que ya hemos declarado anteriormente. Dos cosas son de notar a propósito de esta "Regla de Oro":

(a") que el egoísmo humano ha falsificado esta máxima, como muchas otras del Evangelio, presentándola en forma negativa: *"No* hagas a otro lo que *no* quieras que te hagan a ti". Así aparece en Confucio y en la *Didaché,* documento que pretende ser *"Enseñanza de los Doce Apóstoles"* y data de primeros del siglo II. [18] La diferencia entre la forma *positiva* evangélica y la negativa es evidente e importante: no es lo mismo desear a todos lo bueno que deseamos para nosotros mismos, que no desear a otros lo malo que no deseamos para nosotros. Esto último es compatible con nuestro egoísmo y nos permite desentendernos de los demás, según el anticristiano proverbio, ya secular y frecuente en nuestra tierra: "Cada uno en su casa, y Dios en la de todos" ¿No nos recuerda la frase de *Caín:* *"¿Soy yo acaso guarda de mi hermano?"* (Gén. 4:9).

(b") que el *nuevo mandamiento* de Cristo, que constituye "su Ley", amplía el campo de Lev. 19:18; Mt. 7:12. Primero, en cuanto a la *extensión,* porque ya no abarca sólo al "próximo" y al amigo, sino también a los enemigos (Mt. 5: 43-48; Rom. 12:20). Segundo, en cuanto a la *intensidad,* porque no sólo se nos pide que amemos al prójimo *como a nosotros mismos,* sino *como Cristo nos ha amado,* hasta la muerte (Jn. 13:34; 15:12-13; 1.ª Jn. 3:16-18).

---

18.   V. Rouet de Journel, o. c., n.º 1 (Para que se vea que la antigüedad de un documento eclesiástico no-inspirado no constituye garantía cierta de ortodoxia.

B") *A nivel social,* porque el creyente es salvo *para* formar una *congregación,* para entrar en una *comunidad,* que es la Iglesia, Cuerpo de Cristo. El formar, con los demás creyentes, *un solo cuerpo en Cristo* (Rom. 12:5), exige el amor:

(a"') como prerrequisito indispensable para la edificación de dicho cuerpo (Ef. 4:2-3-15-16).

(b"') para superar la humanamente insuperable antinomia social: "individualismo — colectivismo". El énfasis en la libertad del individuo, que es el principio del liberalismo capitalista, conduce a la explotación del pobre por el rico; mientras que el énfasis en el bien colectivo de la comunidad puede sacrificar la personalidad, convirtiendo al individuo en un mero número de la máquina laboral en beneficio del Estado. Sólo el amor, el *"agápe"* cristiano puede superar dicha antinomia, porque en la Iglesia, cada uno recibe más, cuanto más da; cuanto más se trabaja en favor de la comunidad, más revierte en provecho propio; y —algo que ningún sistema social puede ofrecer— cuanto más comunitario es un acto, más se enriquece lo íntimo de la propia personalidad individual, original, irrepetible: se es más "uno mismo".

c"') para la necesaria *"empatía"* o comprensión, necesaria para, de algún modo, entender los problemas ajenos y tratar de remediarlos. Es muy difícil, casi imposible, *ponerse en el lugar de otro* ("póngase Vd. en mi lugar", solemos decir), pero un amor genuino, intuitivo, respetuoso, inteligente, hace todo lo posible para llegar, por la *empatía,* a la *simpatía* y a la *sintonía.*

6. El amor y la «koinonía»

Empleamos la palabra griega "koinonía" para expresar la "comunión fraternal" que todos los creyentes compartimos en Cristo, por el amor del Padre, la gracia del Hijo y el poder del Espíritu. El *amor cristiano* o *"agápe"* está en la raíz de esta "comunión" que constituye la unidad de la Iglesia,

por la obra redentora del cuerpo y de la sangre de Cristo
(1.ª Cor. 10:16-17). Por eso, de esta raíz comunitaria de la
Iglesia se deriva toda la ética cristiana:

A''') En cuanto al *dar* y al *darse* (Hech. 2:42-44-46;
4:32-34-35; 2.ª Cor. 8:1-9; 12:15; 1.ª Jn. 4:16-18);

B''') en cuanto al *soportarse* mutuamente: las cargas,
los trabajos, los defectos, etc. se soportan mejor cuando
todos arriman el hombro (1.ª Cor. 13:7; Gál. 6:2; Ef. 4:2;
Col. 3:13). Bien se ha dicho: "Cuando uno de los nuestros
cae, es porque los demás no le hemos ayudado bastante". La
Iglesia tiene el derecho y el deber *diacrítico* y *diatáctico* de
juzgar lo malo y lo bueno de la propia congregación y de
disciplinar a los que no se comportan como exige el buen
nombre de *cristiano*, pero ¿se utilizan siempre los recursos
del amor y de la oración?

CUESTIONARIO:

1. ¿Dónde radica la primacía del amor? — 2. Análisis cuidadoso de 1.ª Cor. 13. — 3. Excelencia y perennidad del amor. — 4. La "Regla de Oro" y el pragmatismo del amor. — 5. Aspectos éticos que emergen del carácter comunitario de la Iglesia.

LECCION 23.ª EL FRUTO DEL ESPIRITU Y LAS OBRAS DE LA CARNE

1. Interrelación de la fe, el amor y las buenas obras

El que la Etica del Evangelio no sea una Etica de *obras,* no quiere decir que no tenga en cuenta las buenas obras, puesto que la Etica es una ciencia de la *conducta,* y la conducta es una determinada línea de *acción.* Es cierto que la *salvación* (tanto la justificación legal como la santificación moral) es *de gracia mediante la fe;* por lo tanto, no es *por obras* (Ef. 2:8-9), pero sí es *para obras buenas,* aunque esas obras son fruto del Espíritu de Dios (Rom. 8:14; Gál. 5:22), preparadas desde la eternidad para que anduviésemos en ellas, puesto que, en lo espiritual, somos creados de nuevo en Cristo (Ef. 2:10), es decir, hechura *total* de Dios desde la *nada* de nuestra incapacidad y de nuestra inutilidad; más aún, desde el *bajo cero* de nuestra miseria y de nuestro pecado (Rom. 5:5ss).

Usando, pues, de la misma terminología metafórica del Nuevo Testamento, podemos comparar la vida espiritual a un *árbol* (Mt. 7:17; 12:33; Lc. 6:45-44), cuya *raíz* es la *fe* que se hunde en Cristo (Col. 2:6-7: *"arraigados... en El"*), con *humildad* (vocablo que proviene, como *hombre,* del latín *humus* = tierra laborable) y obediencia (Rom. 1:5), entregándose a Cristo y recibiéndole como Salvador (Jn. 1:12), o sea, por la fe nos apoyamos en Otro, nos confiamos a Otro, nos entregamos totalmente a Otro, y recibimos personalmente a Otro, que es Jesucristo, para ser, por El, salvos, libres, consagrados y efectivos. Chupando de ese Salvador la savia de la vida (Jn. 10:14; 14:16; 15:1ss.), por medio de esa raíz de la fe, nuestro árbol espiritual da frutos de vida eterna, obras buenas agradables al Señor. De la misma manera que los frutos no *dan* la vida al árbol, sino que *manifiestan* la vida del árbol, así también nuestras buenas obras, fruto del Espíritu, no nos *salvan,* pero son una clara manifestación de la salvación adquirida. Así se soluciona la aparente contradicción entre Pablo (Rom. 3:28, por ej.) y Santiago (2:17). Pablo habla de la inutilidad de las obras de la Ley para *justificarnos ante Dios,* mientras que Santiago habla de las buenas obras del creyente como *justificación ante los demás* de la genuidad de muestra fe.

2. Nuestra justicia moral es fruto del Espíritu Santo

Por Gál. 5:5, vemos que nuestra fe no obra *por sí sola,* sino que *aguarda por fe* la justicia esperada. Es Dios quien obra *en* nosotros el querer y el hacer (Flp. 1:6; 2:13), por su Espíritu. Analicemos más en detalle esta obra del amor de Dios en nosotros; subamos hasta la fuente:

A) *Las personas divinas se constituyen por la mutua entrega* [19]. El Espíritu Santo es, dentro de la Deidad Trina, el fruto y el vínculo de la mutua entrega del Padre y del Hijo (V. Jn. 15:26; 16:13-15 "... *oyere";* 17:21 —está implícito en la mutua comunión del Padre y del Hijo—; 2.ª Cor. 13:14; 1.ª Jn. 1:3, también implícito en la "koinonía").

B) Por ser el *Amor Personal* de Dios, el Espíritu Santo tiene a su cargo la tarea de derramar el amor de Dios en los corazones de los creyentes (Rom. 5:5), puesto que la tarea de la salvación del hombre es una obra de misericordia y, por tanto, del infinito amor de Dios. Siendo *Amor,* el Espíritu nos transmite la *gracia* (cháris) como un *favor* inmerecido que nos confiere la justicia por fe, siendo miserables

---

19. V. mi libro **Un Dios en Tres Personas,** pp. 131-135.

pecadores (Ef. 2:8), y nos confiere esa misma *gracia* como *poder* (dynamis) para suplir nuestra debilidad (2.ª Cor. 12:9) en la tarea de nuestro progreso espiritual o santificación moral. Gál. 5:5-6 son versículos clave: el original nos dice que "aguardamos con anhelo la futura salvación que nuestra justificación comporta, viviendo de fe *por medio del Espíritu* "pnéumati" (v. 5). Por medio del Espíritu, "la fe *se energiza a sí misma,* o sea, toma fuerza de, y obra por, *el amor*" (v. 6).

C) Siendo el Espíritu el Amor Personal de Dios, el primer fruto de su obra en el corazón del hombre es también *amor.* Como todos los dones vienen del Padre (Sant. 1:17) por medio de El (1.ª Cor. 12:4), su primer don es el *amor.* No puede ser de otro modo, porque, como agudamente advierte Tomás de Aquino, el primer don genuino de todo sincero donante tiene que ser el amor, pues cuando no va por delante la entrega del corazón, se adivinan en el regalo turbias intenciones y entonces se desprecia el regalo y al dador. Como el amor de Dios es sincero (1.ª Jn. 4:16), su primer regalo, su primer don y a la vez el primer fruto de su Espíritu, es el *amor.* Sólo tras el *amor,* puede haber verdadera entrega y auténtica consagración al amado (Jn. 3:16; 13:1; Rom. 5:8; 13:8; Gál. 2:20; Ef. 5:25, etc.; siempre precede el *amor* a la *entrega*).

D) Por eso, la libertad del amor, que es la del Espíritu (2.ª Cor. 3:17; Gál. 5:13) siempre produce buen fruto de esa óptima raíz del amor, como dice Agustín de Hipona [20]. Gál. 5:13-15 nos advierte que la verdadera libertad se expresa en un amor que lleva a *servirse* mutuamente, en vez de *morderse,* lo cual es propio de la envidia [21]. El amor nos da libertad, pero no *para* el pecado, porque la servidumbre del pe-

---

20. Este es el contexto posterior de su ya citada frase: "Ama, y haz lo que quieras".

21. Bossuet dice que pintan amarilla a la envidia porque muerde, pero no come (es decir, hace daño sin obtener provecho), y hasta vuelve el corazón del revés, incitando al envidioso a amar el mal del prójimo y a odiar su bien.

cado es la básica esclavitud del hombre (Jn. 8:34); el verdadero creyente sólo es *siervo* del Omnipotente; por eso, posee la suprema libertad con el que todo lo puede. Nuestra libertad es suprema, pero está condicionada por nuestra carnalidad; por eso, no debe hallar en la carne su "aphormé", es decir, su base de operaciones militares (Gál. 5:13) contra el espíritu (vv. 15-17).

3. ¿Monergismo, sinergismo o energismo?

De intento hemos subrayado la preposición *en* al citar Flp. 2:13 al comienzo de este punto, porque allí vemos la solución al problema teológico sobre la forma de nuestra cooperación a la gracia de Dios, que Pablo expresa en 1.ª Cor. 15:10 de la siguiente manera: *"Pero por la gracia de Dios soy lo que soy; y su gracia no ha sido en vano para conmigo, antes he trabajado más que todos ellos* (los demás apóstoles.) *PERO NO YO, SINO LA GRACIA DE DIOS CONMIGO"*. En este versículo, Pablo afirma que todo lo que él *es* y *hace,* como creyente y como apóstol, tiene su origen y fuerza en la gracia de Dios. Pero esa gracia de Dios no cayó en vano sobre él, como semilla en el camino o en tierra pedregosa, sino en buena tierra, que produce el ciento por uno. Hubo, pues, una cooperación —subalterna y promovida por la gracia, pero verdadera— de Pablo a la gracia de Dios. La iniciativa era, pues, de la gracia; pero no actuaba la gracia *sola;* por eso añade: *"No yo, sino la gracia de Dios CONMIGO."*

¿Qué clase de cooperación es ésta? Pueden darse tres clases de explicaciones:

A) *Monergismo.* Este vocablo viene del griego "mónos" = único, y "érgon" = obra, y da la siguiente explicación: El *único agente* de nuestra santificación y de nuestra conducta ética en todos sus aspectos es Dios, quien obra *a través de nosotros.* Así el creyente viene a ser un *instrumento* (o un lugar de trabajo) del Espíritu, único agente principal de todo lo bueno que hacemos. Esta es la opinión de Lutero, con sus seguidores "ortodoxos", y de la mayor parte de los calvinistas. Creemos que esta posición no es bíblica, pues reduce la humana responsabilidad (tan enfatizada en las exhortaciones del N. Testamento), al hacer del hombre un mero instrumento de la gracia. Además, su base filosófica es falsa. No olvidemos que Lutero se había formado en el *nominalismo*, sistema filosófico que no advertía la diferencia entre causa *primera* y causa *principal*. Es cierto que Dios es la *causa primera* de todo ser y, por tanto, de todo el *ser* o perfección que comporta la acción ética; [22] pero el agente humano es la *causa principal* (aunque secundaria) y, por ello, el único responsable de la *cualificación moral de sus actos*.

B) *Sinergismo*. Este término procede del griego "syn" = con, y érgon" = obra, y ofrece la siguiente solución: Dios y el hombre (la acción del Espíritu y la acción del libre albedrío humano) cooperan de forma *paralela:* Dios pone su gracia salvífica, y el hombre la acepta (o la rechaza) en uso de su libertad. Así opina el arminianismo radical (parecido al molinismo católico, con su "concurso simultáneo"). Este sistema tampoco está fundado en el N. Testamento, donde siempre vemos que *todo* es de gracia y todo procede de la iniciativa de Dios (*cf.,* además de los textos citados arriba, por ej. 2.ª Cor. 3:5).

C) *Energismo*. Creemos que ofrece la correcta explicación, de acuerdo con la Palabra de Dios, y es la siguiente: Dios, con su gracia y la acción de su Espíritu, pone *en* el hombre todo el *poder* necesario y suficiente para el *ser* y la *calidad* cristiana de su acción ética; y el creyente, como un agente responsable —no como mero instrumento de la gracia divina— coopera libremente con docilidad y obediencia.

4. Se trata de UN SOLO FRUTO

Gál. 5:22 nos habla en singular del "fruto" del Espíritu, en contraste con el plural "obras" del vers. 19. La razón

---

22. V. mi libro **Un Dios en Tres Personas**, pp. 244-251.

es que las *obras* de la carne son muchas, porque son efecto de nuestro extravío por multitud de caminos (Is. 53:6), y producen desintegración, mientras que el Espíritu Santo nos trae por un solo Camino (Jn. 14:6) y, al injertarnos en Cristo (Rom. 6:5), produce en nosotros un conjunto de buenas disposiciones que vienen como *en racimo,* equilibrándose mutuamente y estableciendo en nuestro espíritu una correcta relación en las tres dimensiones de nuestra actividad ética, con un triple fruto en cada una de esas tres dimensiones (Gál. 5:22-23):

A') *Amor* a Dios, *Gozo* en Dios, *Paz* con Dios. La primera tríada nos ofrece un conjunto de valores inalienables (que nadie nos puede arrebatar) e inalienantes (que no nos enajenan, sino que nos proporcionan la verdadera cordura).

B') *Longanimidad* ("makrothymía" = constancia paciente, no el mero aguante de la "hypomoné"), *benignidad* ("chrestótes", de "chrestós" = útil, de provecho) y *bondad* (obrar bien en favor de los demás; ya se trata de la acción, mientras que la "chrestótes" indica la disponibilidad). Esta tríada se refiere a nuestras relaciones con el prójimo.

C') *Fe* (en el sentido de *ser de fiar* "pistós"), *mansedumbre* (propia de los humildes, de los "anawim" o pobres de Yahveh, Mt. 5:3-5) y *templanza* (la "enkráteia", o sea, el dominio de sí mismo o auto-control). Estas tres virtudes se refieren a la relación del creyente consigo mismo.

Tres cosas son de notar en esta lista: Primera, su *orden* (comp. con Ef. 5:9; Col 3:12-15; Tito 2:12; 2.ª Ped. 1:4-7. En esta última, aparece un orden inverso, desde la templanza al amor, porque arranca también del punto contrario al Espíritu, que es la *"corrupción que hay en el mundo",* del vers. 4). Pasemos a examinar cada uno en particular:

(a)   *Amor* ("agápe"). Sale 62 veces en las epístolas paulinas. El amor del cristiano tiene que ser del mismo tipo que el de Dios (Ef. 4:32). Pablo mismo da ejemplo de este amor en los casos del transgresor de Corinto (2.ª Cor. 2:6) y de Onésimo (epístola a Filemón). También exhorta a todos a un tal amor para con los pecadores (Gál. 6:1). Su fuente es siempre el verdadero amor a Dios (1.ª Jn. 5:2).

(b)   *Gozo* ("chará"). Sale 19 veces en Pablo. Se define como gozo en el Espíritu Santo (Rom. 14:7) y en el Señor (Flp. 4:4). De los vers. siguientes se deduce que implica la confianza en Dios y la ausencia de preocupación carnal.

(c)   *Paz* ("eirené"). 33 veces. Es consecuencia del perdón de los pecados y de una conciencia limpia (Rom. 5:1); es producto de la confianza en el Señor (Flp. 4:7) y también norma de las relaciones sociales (Rom. 12:18).

(d)   *Longanimidad* ("makrothymía"). 6 veces. Es un atributo de Dios según Rom. 2:4. Implica ser, como Dios, "tardo para la ira", soportando la conducta perversa de parte de otros, sin airarse ni desear la venganza (Ef. 4:2; Col. 3:13).

(e)   *Benignidad* ("chrestótes"). 6 veces, con referencia a los creyentes y 5 veces con referencia a Dios. Apunta hacia la bondad de corazón, y se muestra en particular con las personas necesitadas (pobres, niños, esclavos, etc.).

(f)   *Bondad* ("agathosyne"). 4 veces. Sólo Pablo usa este término en el N. Testamento. Contiene la idea de nobleza (V. Rom. 5:7) y es una combinación de justicia y amor.

(g)   *Fe* ("pístis" en sentido de fidelidad o "ser de fiar"). 87 veces como virtud cristiana.

(h)   *Mansedumbre* ("praytes"). 4 veces. Significa, en realidad, un espíritu de sacrificio de los propios derechos en bien de los demás, como el ejemplo que da Pablo al renunciar a su derecho de vivir a expensas de los creyentes a quienes ministraba (1.ª Cor. 9:18). Romanos 14 es toda una disertación sobre esta virtud.

(i)   *Templanza* ("enkráteia"). 1 vez. Es el dominio de los deseos e impulsos carnales, por el Espíritu Santo (Gál. 5:23-24). Es todo lo opuesto a la vida pagana descrita en Ef. 2:3.

Vemos cómo la lista arranca de lo más íntimo (el amor) y termina en lo más externo (el control de sí mismo en cada situación).

La segunda observación que queremos hacer sobre esta lista es que el *fruto* del Espíritu Santo, consecuencia de *dejarse llenar del Espíritu* (Ef. 5:18) es equivalente a ir *asiendo* cada vez más de Cristo (posesión nuestra de Cristo, posición de Cristo en nosotros por Su Espíritu, Rom. 8:29), como fuimos *asidos* por El (posesión que Cristo toma de nosotros, posición nuestra en Cristo), según la enérgica expresión de Pablo en Flp. 3:12. El *fruto,* que comporta nuestra santificación (Rom. 6:22), es por *fe,* como la justificación.. Por eso, el vers. 25 de Gál. 5 dice: *"Si vivimos por el Espíritu, andemos también por el Espíritu"* (comp. con Col. 2:6).

La tercera, importantísima, observación sobre esta lista es la que Pablo mismo hace al concluirla: *"contra tales cosas no hay ley".* Como si dijese: Quien tiene este fruto del Espíritu, tiene la verdadera libertad, no necesita ninguna ley, puesto que la función de la ley es *restringir,* mientras que este fruto surge incontenible de la misma acción del Espíritu y se desborda desde el amor, cumpliendo de sobra y rebasando todas las obligaciones que la Ley pueda imponer.

5. Las obras de la carne

Ya hemos dicho que las obras de la carne (Gál. 5:19-21) aparecen en plural, porque son muchas, tanto por su dispersión como por su obra destructora. Se trata del cumplimiento del *deseo de la carne,* del que se habla en los vers. 16-17, y que se opone al deseo del Espíritu (comp. con Rom. 8:4-15). La lista comprende específicamente 15 pecados (*"y cosas semejantes a éstas"* vers. 21) distribuidos en cuatro áreas:

A") *Area del sexo:* "pornéia" = fornicación en general (nuestra R.V., como la A.V. inglesa añaden, por su cuenta, "adulterio" antes de "fornicación"); = "akatharsía" = *inmundicia,* que fácilmente puede apuntar hacia la homosexualidad; y "asélgeia" = *lascivia,* que comporta insolencia y exhibicionismo.

B") *Area de la religión:* "eidololatría" = *idolatría,* que implica la adoración de vanidades (de "éidos" = figura, y "hólos" = entero; o sea: *meras figuras*) y "pharmakéia" = *hechicería* o brujería, uso de artes mágicas con el empleo de "fármacos", palabra griega que lo mismo indica droga medicinal que brebaje mágico o "filtro".

C") *Area social:* "échthrai" = *enemistades;* "éris" = *discordia;* "zélos" = celos de envidia; "thymói" = *iras* de mal genio; "erithéiai" = rivalidades; *"dichostasíai"* = *divisiones;* "hairéseis" = *sectas,* en sentido de partidismo (comp. con 1.ª Cor. 1:11-13; 3:3-4); "phthónoi" = *envidias,* en el sentido primordial de malevolencia.

D") *Area de la orgía:* "méthai" = *borracheras;* y "kómoi" = *orgías* (no según la etimología del vocablo: "orgé" = cólera), en el sentido griego de fiesta popular con cantos y danzas por la calle: una especie de *carnaval,* con cantos y bailes sin control, comportando cierta inconsciencia que induce a faltar a los demás.

CUESTIONARIO:

1. ¿Qué relación hay entre la fe, el amor y las buenas obras? — 2. ¿De quién parte la iniciativa de nuestra conducta ética cristiana? — 3 Distintos sistemas para explicar nuestra cooperación a la gracia de Dios. — 4. Análisis del fruto del Espíritu según Gál. 5:22-23. — 5. Tres importantes observaciones a propósito de dicha lista. — 6. Las obras de la carne, según Gál. 5:16-21.

Quinta parte

Etica Cristiana sistematizada particular

LECCION 24.ª   ETICA PRIVADA O DEBERES PARA CONSIGO MISMO

1. ¿Puede un cristiano amarse a sí mismo?

En Lc. 9:23-24, Jesús asegura que todo el que quiera seguirle, ha de negarse a sí mismo, tomar la cruz, que es contradicción con la propia naturaleza, y estar dispuesto a perder la vida por Su causa. ¿Qué significa "negarse a sí mismo"? ¿Borrar el propio "yo"? ¿destruir nuestra personalidad? ¿Odiarse a sí mismo?

El pesimismo radical de Lutero y Calvino les llevó a negar que el cristiano pueda amarse a sí mismo, puesto que de nosotros mismos sólo tenemos maldad.

Antes de dar una respuesta categórica, es necesario hacer algunas puntualizaciones acerca del concepto de *amor* y de *yo*. El verdadero *amor* es el que quiere el verdadero bien, y todo ser aspira a poseer el verdadero bien donde se encuentra su felicidad. Por tanto, el cristiano no puede menos de desear para sí el verdadero bien, puesto que, al poseer un ser limitado y relativo que tiene que hacerse existencialmente (no es como Dios que no tiene nada que adquirir), ha de tender hacia la perfección final. Desear este bien *es amarse a sí mismo* de verdad. Aquí estriba la virtud de la esperanza. Ello está tan acorde con la constitución misma de la personalidad humana y con la misma Palabra de Dios, que incluso Jesucristo-Hombre se amó a sí mismo al escoger el oprobio de la Cruz por el gozo que tenía puesto delante (Heb. 12:2, comp. con

Is. 53:11; Flp. 2:9-11). Por otra parte, el propio *yo* como personalidad irrepetible fue creado por Dios *con amor.* Si Dios ama mi persona, ¿por qué voy yo a odiarme?

Pero hay otro sentido en que hemos de *negar* nuestro *yo* y odiar nuestra *vida,* y ése es el que expone Lc. 9:23-24. Por el pecado, nuestro "ego" = "yo" tiende (incluso después de la conversión) a constituirse en centro de todo (egocentrismo), a regirse por sus propios planes (autismo), a buscar su comodidad (carnalidad). Ahora bien, la salvación del hombre consiste en que, renunciando a sus propios criterios y planes, acepte el plan de Dios y se someta a él, recibiendo por *obediencia de fe* el regalo de la gracia, y entregando todo su ser a Cristo para que lo santifique, lo consagre y lo guarde para la vida eterna. En este sentido, es preciso *negar el yo,* o sea, DECIRLE QUE NO al "ego" que pretende ser autónomo en el modo de buscar la propia salvación y la propia felicidad. Y en este mismo sentido, es preciso estar dispuesto a perder LO QUE ES COMODO Y PLACENTERO para la vida terrena y para nuestra carnalidad, a fin de asegurar lo que tiene verdadero valor para nuestro verdadero ser.[1]

Es cierto que el *amor* perfecto, el *"agápe",* consiste en buscar el bien del amado, olvidando el bien propio. Eso significa que *éticamente* el amor constituye el motivo más elevado de la conducta. Pero eso no destruye la búsqueda de la propia perfección, que es algo enraizado en la *ontología* del ser humano. De lo contrario, el verdadero *amor* sería incompatible en esta vida con la virtud de la esperanza, lo cual sería incluso hacer una injuria a Dios (comp. con Jer. 2:13), como fuente única de verdadera felicidad.

---

1. Dice Agustín de Hipona: "Como dos seres hay en ti: el hombre y el pecador. Dios hizo al hombre; tú has hecho al pecador ¡Quita lo que has hecho tú, para que quede lo que hizo Dios!". Por eso, no puede haber **consagración** sin que antes haya **crucifixión** del propio "yo".

2. La consagración total a Dios

La total consagración a Dios, que nos exige Rom. 12:1, es la raíz de nuestra ética personal, tanto privada como social. Y esta consagración exige por su parte un constante progreso vital y un crecimiento en todo lo que comporta verdaderos y útiles (para sí y para los demás) valores de todo tipo (espiritual, intelectual, estético y deportivo). Nada de lo que Dios ha creado en nosotros es despreciable, y el cultivar todo nuestro ser está muy conforme con la misma Palabra de Dios. El viejo adagio: "mente sana en cuerpo sano" no es precisamente pagano.

Alguien ha querido ver una objeción a esto en 1.ª Tim. 4:8, en que Pablo dice que *"el ejercicio corporal para poco es provechoso, pero la piedad para todo aprovecha"*. Sin embargo, hemos de notar que Pablo no dice que el ejercicio corporal no aprovecha para nada, sino que aprovecha *para un poco;* es decir, compara lo *parcial* con lo *total*, y lo *temporal* con lo *eterno*, pues el versículo termina diciendo que las ventajas de la piedad consisten en que *"tiene promesa de esta vida presente, y de la venidera"*.

Por consiguiente, por razones de *ética,* es preciso que cuidemos nuestra mente, nuestros sentimientos y nuestras acciones contra todo lo que pueda dañarnos. Todo lo que *adormece* o *ensucia* nuestras facultades más nobles es *malo,* ya sea literatura, arte, lugares, espectáculos, drogas, propaganda que sugestiona y aborrega, etc. No olvidemos que somos hechos a imagen de Dios, para poseer una libertad *sin oxidar,* y estamos consagrados como templos del Espíritu Santo.

3. Lo bueno y lo malo para el cristiano

Una concepción judaico-maniquea de la vida ha tendido, desde el principio de la Iglesia, a distinguir entre *objetos* buenos y malos: comidas, bebidas, dinero, materia, sexo, etc. (V. 1.ª Tim. 4:3). De ahí se ha seguido una ética de prohibiciones (Col. 2:20-23). Sin embargo, los conceptos del Nuevo Testamento son completamente distintos. Por ejemplo:

A) El *cuerpo* humano es hechura de Dios, bello y agradable, y no hay por qué arruinarlo para que triunfe el espíritu. Es la *carne* (la carnalidad del hombre entero) lo que hay que tener a raya. Y eso no se consigue con disciplinas y ayunos (lo asegura Pablo en Col. 2:23b), sino con el *dominio propio,* que es fruto del Espíritu (Gál. 5:23).

B) El *sexo* y sus funciones fueron creados y ordenados por Dios (Gén. 1:28; 2:24). El matrimonio es honroso para todos y en todos (Heb. 13:4). Pablo, aun siendo célibe (o viudo) y recomendando el celibato para evitar la "aflicción de la carne" de los casados (1.ª Cor. 7:28), reconoce al matrimonio como *bueno,* e incluso apunta al precioso simbolismo que contiene respecto a la unión de Cristo con Su Iglesia (Ef. 5:21-32).[2]

C) El *alimento* no es malo, sino moralmente neutral. El principio determinante debe ser: (a) su utilidad para la salud. Dígase lo mismo del deporte, de la higiene, de la bebida, etc. (cf. 1.ª Tim. 5:23 en cuanto al vino); (b) el bien del hermano más débil, privándose de cosas que puedan ofender la conciencia ajena, aunque de suyo sean lícitas (Rom. 14; 1.ª Cor. 8:4-13). Tanto el que come como el que se abstiene, debe hacerlo para el Señor (Rom. 14:6; 1.ª Cor. 10:31).

D) La *riqueza.* Pablo es indiferente a su estado económico (Flp. 4:11) y él mismo había dicho: "*sed imitadores de mí*" (3:17); sin embargo, aprecia mucho la ayuda de parte de los filipenses (4:10). Las posesiones no son malas: lo que importa es no darles un valor absoluto pegando el corazón a ellas y haciendo de ellas un ídolo. "*Pobre en el espíritu*" (Mt. 5:3) no es el que no posee un céntimo, sino el que no tiene el corazón pegado al dinero; antes bien, sabe respetar las posesiones del prójimo y compartir con los necesitados

---

2. Más sobre este punto, en las lecciones 25.ª y 26.ª.

(1.ª Cor. 7:30-31; 2.ª Cor. 9; Ef. 4:28). Pablo mismo dice
que estaba acostumbrado a escasear y a abundar (Flp. 4:
10-12).

4. Deberes particulares para consigo mismo

Dentro de los límites que nos impone el tamaño de estos
volúmenes, trataremos de algunos puntos que merecen especial atención:

A") El cristiano debe aceptarse a sí mismo como es;
respetarse a sí mismo y así será respetado de los demás;
desarrollar sus facultades y ejercitar sus dones sin complejos
(cf. 1.ª Cor. 12:13-30), de modo que, no sólo en lo eclesial,
sino también en lo profesional, tenga el verdadero sentido
de la competencia y de la responsabilidad, pues es un creyente
en todas partes y toda su conducta ha de ser testimonio. También ha de seguir a Cristo en el modo de sufrir las contrarieda-
des (1.ª Ped. 2:21), sin quejarse de los demás ni de la Providencia.

B') Ha de evitar todo lo perjudicial para su espíritu,
para su alma o para su cuerpo, pero es legítimo el recreo
honesto, las diversiones que relajan la tensión e instruyen,
los "hobbies" que ayudan a desarrollar la capacidad artística
o literaria (algo necesario especialmente para jubilados, etc.
que pueden sufrir un tremendo trauma si llegan a sentirse
inútiles) y, sobre todo, ha de procurar alimentar su espíritu
con la oración, la meditación y el estudio de la Palabra de
Dios.

C') El deber de cuidar de su propia vida, da al cristiano
el derecho a la propia defensa (y, por supuesto, a la defensa
de la vida ajena, empezando por la de sus familiares). Es
cierto que el creyente ha de estar dispuesto a entregar su
propia vida por el bien de sus hermanos (1.ª Jn. 3:16), pero
tiene derecho a defender su vida de un injusto agresor. No
parece que esto sea opuesto al espíritu del Sermón de la
Montaña (Mt. 5:39), aunque hay quienes, como Brunner,

opinan lo contrario [3]. Si puede defender su vida hasta el punto de herir, y aun matar, al injusto agresor, es más problemático a la vista de Rom. 12:19-21.

D') Acerca del suicidio, suscribimos lo que dice J.E. Giles: "El suicidio es un acto cometido por uno que está enojado con Dios, consigo mismo, o con otra persona. Es frustrar el plan de Dios para uno. Implica fracaso completo en encontrar la realización espiritual en la vida. Aunque no es el pecado imperdonable, como algunos han enseñado, implica que uno no ha podido enfrentarse con valor a lo que Dios tiene para él en la vida."[4] Permítaseme añadir dos observaciones: (a) sólo Dios sabe hasta qué punto funciona normalmente y con sentido de tan grave responsabilidad la mente de un creyente que se suicida; (b) suicidarse con pleno conocimiento de lo que se hace es algo terrible en sí y también irremediable en cuanto al arrepentimiento y confesión ante Dios de tal pecado. Precisamente por el carácter *decisivo* (irreversible) del suicidio, opino personalmente que un suicidio fríamente premeditado daría motivo a dudar de la genuina condición de creyente. No debemos olvidar una importante precisión que hace el Dr. Gardiner Spring, al decir: "Sí, es cierto que el que ha sido alguna vez cristiano, siempre es cristiano; pero también es cierto que *quien no es cristiano ahora, nunca fue cristiano*"[5].

Una última observación general, que me parece necesaria. Está bien que tengamos conciencia de nuestra debilidad espiritual y de nuestra pecaminosidad congénita y adquirida, pero también es verdad que Dios nos da, por su Espíritu, el poder de salir en todo *"más que vencedores"* (Rom. 8:37). Insistir con morbosidad en el pensamiento de que somos pecadores por naturaleza, hasta ver con la mayor naturalidad nuestras propias caídas, como algo inevitable que brota del

---

3. V. J.E. Giles, o. c., p. 123.
4. **O. c.,** pp. 122-123.
5. En **Los rasgos distintivos del verdadero cristiano,** p. 81. (El subrayado es suyo).

"hombre viejo" que llevamos dentro, es tentación del demonio y un camino bien allanado para el antinomianismo. Otra cosa muy distinta es confiar en las propias fuerzas o querer santificarse *por obras, no por fe*, lo cual es igualmente falso y peligroso.

CUESTIONARIO:

1. ¿En qué sentido es legítimo el amor de sí mismo? — 2. ¿Qué exige de nosotros la consagración total al Señor? — 3. ¿Qué pensar de objetos como el cuerpo, el sexo, alimentos y posesiones — 4. Principales deberes para consigo mismo.

LECCION 25.ª ETICA SEXUAL

1. Sexo y persona

Si reservamos una lección especial para la ética de lo sexual, no es por pensar que los pecados sexuales son los más graves ni los más importantes. No se trata del primer mandamiento de la Ley, sino del séptimo. Santiago y Juan, más aún que Pedro y Pablo, dan la mayor importancia a los pecados contra el amor: el odio, la falta de compasión, los pecados de la lengua, la explotación. Su relevancia, que le hace merecedor de una lección especial, proviene sobre todo del *tabú,* del *mito* y de la propaganda de que está rodeado hoy, aparte de su peculiaridad como *pecado contra el cuerpo propio, que profana el templo del Espíritu Santo* (1.ª Cor. 6:18-20).

El sexo ha estado revestido siempre de un *tabú* especial, que se ha expresado: (a) en los cultos fálicos al misterio de la fertilidad, con la consiguiente sacralización del sexo; (b) en los castigos al cuerpo, de acuerdo con el concepto maniqueo de materia, con lo que el sexo aparecía como algo *sucio* de por sí. La mitificación actual del sexo ha llegado a extremos que hubiesen resultado increíbles para los mismos paganos sensuales de la antigua Roma. No hay apenas anuncios en los medios de información, que no contengan algo, a veces muy solapado, de incitación a lo sexual. Esto ya es, de por sí, una aberración sexual y una explotación de un instinto que resulta tanto más morbosa cuanto más se canaliza la atención hacia algo que está creado para una función *normal.*

Es preciso tener en cuenta que el sexo no es como una "isla" dentro de la personalidad humana, sino algo muy entrañable en que se manifiesta, quizá más que en ningún otro aspecto de la vida, el rumbo total de la persona, y, en especial, su egocentrismo o su alocentrismo, es decir, su sentido de comunidad. No olvidemos que *el sexo,* como todo otro aspecto de la conducta, *se ejercita con el cerebro;* en otras palabras, lo *psicológico* tiene mucha más importancia en cualquier acto sexual que lo *fisiológico* (comp. ya Gén. 2:25 con 3:7).

2.   Lo instintivo y lo ético en el sexo

Dios creó el sexo, no sólo como instrumento de procreación, sino para que también en él tuviese expresión la "ayuda idónea" y la mutua compenetración espiritual y afectiva entre varón y mujer. En cuanto instinto, su impulso y urgencia son primordiales, pero no superiores a la del instinto de conservación, puesto que la incitación sexual cede ante el hambre, la sed o el miedo a perder la vida, etc. Sin embargo, está más sometido a represiones; de ahí que una falsa idea sobre el sexo, inducida en el hogar, en el colegio, etc. ocasione neurosis, complejos, etc. No se olvide la interacción glandular, que desde la mente pasa, muchas veces inconsciente o subconscientemente, al hipotálamo y, desde allí, a las glándulas suprarrenales y sexuales; con lo cual, el sexo está relacionado, no sólo con la Psicología, sino también con la Endocrinología.

El hecho de que el sexo esté conectado directamente con el *éros,* o amor sensual, y aun con la *epithymía,* o amor de concupiscencia, no excluye la actuación de la *philía* o amor de amistad, ni aun del *agápe* o amor de pura generosidad. Más bien hemos de decir que, para ser fisiológicamente deleitante y para ser éticamente perfecto, requiere la conjunción de todos ellos. En especial, podemos asegurar que el amor sexual alcanza su perfección placentera y su continuidad fiel en el amor de entrega *al otro,* mientras que el egoísmo lo echa a perder en todos los aspectos, dañando lo íntimo de la persona y su vida de relación.

3. Los pecados sexuales

Aunque muchos de los pecados sexuales han sido ya aludidos en otras lecciones, vamos a detallar los principales:

A) *Adulterio.* Además del simbolismo espiritual, que aludía a la infidelidad de Israel, marchando tras otros dioses, a pesar de que tenía a Yahveh por Marido (Is. 54:5), está el adulterio carnal, directamente prohibido en el 7.º mandamiento de la Ley. En las épocas de mayor impiedad de Jerusalén y de Judá, se nos dice en Jer. 5:8: *"Como caballos bien alimentados, cada cual relinchaba tras la mujer de su prójimo"* (*comp.* con Jer. 13:27).[6] El término griego *"moichéia"* = *adulterio,* juntamente con el verbo *adulterar* y el nombre *adúltero,* sale en el N.T. más de 30 veces y significa el adulterio carnal, con la excepción de Sant. 4:4, en que el contexto indica claramente el adulterio espiritual.

B) *Fornicación* ("pornéia"). Sale en el N.T. unas 28 veces y tiene un sentido más genérico. El lugar más relevante, que ya ha sido comentado en otro lugar, es 1.ª Cor. 6:12-20, donde el Apóstol enfatiza la gravedad de este pecado, en especial para el creyente, porque al pecar contra su propio cuerpo, profana el templo del Espíritu Santo. En Gál. 5:19, encabeza los pecados del área del sexo. En siete u ocho lugares, casi todos ellos en Apocalipsis, tiene sentido espiritual (v. las alusiones a la Gran Ramera en Apoc. 14:8; 17: 2-4; 18:3; 19:2).

C) *Inmundicia* ("akatharsía"). Sale en el N.T. unas 12 veces, pero tiene un sentido más genérico todavía; aunque en

---

6. G. Thibon dice que la malicia del hombre, como ser racional, consiste en codiciar a **otra,** no porque sea **mujer,** sino porque es **otra** (complejo de don Juan), mientras que, por ejemplo, un perro, guiado por el instinto, no va a otra perra por ser **otra,** sino por ser **perra.**

ciertos lugares, como Rom. 1:24; Gál. 5:19; Ef. 4:19; Ef. 5:3 (comp. con vers. 18); Col 3:5, parece apuntar hacia la homosexualidad (ciertamente en Rom. 1:24, por el contexto posterior). En Rom. 1:26, el Apóstol lo califica como *páthe atimías* = pasiones de deshonra, es decir, pasiones deshonrosas para el ser humano. Pablo comienza describiendo el vicio en la mujer, de la que se espera más delicadeza, pero da más detalles acerca del vicio en los hombres. La semejanza de terminología en Col. 3:5: "*...impureza, pasiones desordenadas, malos deseos...*" ("*akatharsían, páthos, epithymían kakén...*"), parece apuntar al mismo vicio.[7]

D) *Incesto* (fornicación con parientes próximos). El N.T. menciona sólo el caso de Corinto (1.ª Cor. 5:1), atribuyéndole una gravedad extrema. En el A.T. se menciona con todo detalle el caso de Lot y sus dos hijas (Gén. 19:30-38). A pesar de la buena intención de éstas, que se habían quedado sin sus prometidos (vers. 14) y perdían la esperanza de la maternidad, y de la inconsciencia de Lot, a quien sus hijas habían embriagado, lo nefando de su descendencia se manifiesta en dos nombres malditos en la historia de Israel: Ammón y Moab.

E)   La llamada "sociedad permisiva" contribuye en gran manera a que los alicientes pecaminosos y las ocasiones peligrosas de pecados sexuales se multipliquen. Las crecientes insatisfacciones de la vida conyugal, la inmodestia de la mujer en miradas, gestos, posturas y desnudeces (V. 2.ª Sam. 11:2); la familiaridad que el trabajo, las diversiones y, en

---

7. La Biblia no menciona por su nombre la **masturbación** o pecado solitario. 2.ª Ped. 2:10ss., con su paralelo Jud. vv. 10-13, parecen incluirlo, aunque no puede afirmarse rotundamente que traten de ello. De todos modos, no cabe duda de que entra dentro de la categoría de impureza sexual. Su gravedad e importancia ética depende del motivo psico-fisiológico; no es lo mismo una descarga de plétora en un sanguíneo exuberante que la actitud **autista** e introvertida de un sentimental. La timidez sexual y una incorrecta represión por parte de padres y educadores pueden favorecer este vicio. Se ha comprobado que los monos se masturban cuando sienten mucho miedo.

general, la vida social de hoy fomenta entre los sexos; revistas
en los kioskos, grandes anuncios en los muros de las ciudades
(y en el Metro), anuncios en la Televisión; todo ello contribuye a suministrar más y más combustible a la pasión sexual.
Es cierto que la mujer, en su afán legítimo de mostrarse lo
más atractiva posible, no se percata a veces del incendio que
levanta (no olvidemos los ocultos manejos del subconsciente),
pero es preciso que toda mujer creyente reflexione sobre ello.
No vale el recurso de decir: "Que no miren", puesto que la
naturaleza caída inclina a centrar el foco de la atención precisamente en los objetos prohibidos.

4. Motivaciones positivas en la ética sexual

La Etica cristiana no puede limitarse a los aspectos ne-
gativos y a una detallada exposición de *pecados,* sino que
ha de acometer la tarea positiva de apuntar los remedios. Tres
motivos principales nos ayudarán a resistir el peligro y la tentación y a comportarnos debidamente en esta materia:

A')   La norma suprema del cristiano es el *amor.* Si hay
amor verdadero hacia nuestro prójimo, no podremos desear
cosa alguna que le profane, que le degrade, que le explote
sexualmente, que arruine su condición moral y espiritual. Aun
los más degenerados reaccionarían con ira si supiesen que lo
que ellos intentan, lo intentan otros con su madre, su esposa,
su hermana, su hija... Apliquemos la "Regla de Oro" a cada
caso, y no seamos egoístas.

B')   La condición de miembros del Cuerpo de Cristo
y de templos del Espíritu Santo añade un elemento de primera
categoría a nuestra motivación en materia sexual. En su comentario a 1.ª Cor. 6:15-16, E. Trenchard hace notar lo curioso de la cita de Gén. 2:24 por parte de Pablo en este
lugar, como indicador de que "la degradación de "lo mejor"
viene a ser "lo peor" ...constituye una especie de sacrile-
gio".[8] La condición de la Iglesia como Esposa de Cristo con-

8.   P 102.

fiere un mayor motivo de pureza en la total consagración al Señor que todo creyente ha de ofrecer a Dios, haciéndola manifiesta en su propio cuerpo (Rom. 12:1, comp. con 2.ª Cor. 11:2).

CUESTIONARIO:

1. Importancia del sexo dentro de la personalidad humana. — 2. Impulso instintivo y comportamiento ético en lo sexual. — 3. ¿Es incompatible el éros con el agápe? *— 4. Principales pecados sexuales. — 5. Pecaminosidad de la incitación de la moda, del arte, del anuncio, etc. — 6. Motivaciones positivas para formar criterios cristianos y estimular una conducta santa en esta materia.*

LECCION 26.ª ETICA CONYUGAL

1. Importancia del tema

Tratar de la ética conyugal adquiere una peculiar relevancia si se considera la importancia del estado matrimonial para la vida del hombre y la dignidad de que Dios lo revistió desde el principio de la humanidad. Un estado tan digno y tan importante y, al mismo tiempo, tan frágil por la corrompida condición de la naturaleza humana, ha dado pie para que la ironía se cebe en él, como puede comprobarse leyendo los Diccionarios y Antologías de frases célebres.

La seriedad del estado conyugal, aparte de la dignidad que Dios le ha conferido, y el simbolismo sagrado que contiene, desde Jer. 2:1-3 hasta Ef. 5:26ss, pasando por Oseas, estriba en tres factores fundamentales:

A) *Su duración.* Dios estableció el matrimonio como un estado *para toda la vida:* uno con una y para siempre.

B) *Su intimidad.* La intimidad conyugal es la máxima en todos los órdenes, aunque nunca se puede llegar del todo al fondo de la existencial "alteridad" del prójimo. Esta intimidad se va fraguando con la convivencia o "convivium", con la cohabitación o "connubium", con el compartir las mismas penas y alegrías o "consortium" y el aguantar juntos el yugo que impone la vida en común o "conjugium". Esta intimidad tiene profundidades, y exige adaptaciones, que rebasan inmensamente las del sexo; por eso, se ha dicho que "el amor es física; el matrimonio es química".[9]

C) *Su influencia en la personalidad humana.* La influencia del matrimonio en el desarrollo y proyección de la personalidad humana es inmensa. En realidad, el estado conyugal manifiesta y proyecta en cada momento el talante fundamental de cada individuo. Podríamos decir que en el matrimonio, como en la cárcel, los bien inclinados se vuelven mejores, y los mal inclinados se vuelven peores. Ahora bien, cuando hay fe en Dios y verdadero amor, como fruto del Espíritu, el matrimonio refina la calidad espiritual de la persona a través de todas las pruebas y dificultades que presenta la vida y la misma diferencia de criterios y gustos de los esposos.

2. Finalidad del matrimonio

Los fines del matrimonio son dos:

A') *Manifestar la imagen de Dios en el hombre de una manera COMPLETA.* Notemos que Gén. 1:27 une estrechamente las dos facetas: *"a imagen de Dios lo creó; varón y hembra los creó".* Por eso, los judíos llaman al matrimonio *"qidushim"* = santidades, porque está hecho para que varón y mujer se ayuden mutuamente a preservar santa la imagen de Dios impresa en sus personas. [10] Ahora bien, Dios, en la infinitud de todas sus perfecciones, tiene completamente equilibrados su conocimiento y su amor. Por eso, la imagen de Dios se halla completa y equilibrada cuando el predominio de cabeza y razón en el hombre se contrapesa y equilibra con el corazón e intuición de la mujer. Esta diversidad psicológica que caracteriza lo masculino y lo femenino ha sido a veces interpretada como efecto del distinto momento en que

---

9. Así dice Alejandro Dumas (hijo) en **El extranjero** (citado en **Tesoros del Pensamiento,** por A. Matons, M. Ferrá y M.A. Colomer, Barcelona, Bruguera, 1972, p. 568).

10. V. Hertz, **Pentateuch and Haftorahs** (London, The Soncino Press, 1969), p. 10.

ambos fueron creados: Adán fue creado el primero, y lo
vemos extasiado ante el Universo y poniendo nombre a las
cosas antes de conocer a su futura mujer; Eva es creada después y puesta inmediatamente delante de su marido. Por
eso, la mujer lo ve todo a través del hombre: el amor, la
maternidad, el hogar, la sociedad; en cambio, el hombre dis-
persa mucho más su atención y su interés; tiene muchos más
problemas, mientras que la mujer sólo tiene, en realidad,
uno. Sin embargo, la base de esta diversidad se halla en la
misma creación de la mujer, según Gén. 2:22, donde el texto
hebreo dice "*fabricó*" ("*banah*"), y en la raíz de este verbo
se encuentra la idea de *intuición*, como característica constitutiva de la mujer, lo cual la hace superior en el plano ético y
espiritual, aunque el hombre, más fuerte e intelectual, ha de
tomar la iniciativa *conquistadora* (Gén. 2:24). Así se entiende
lo de "*ayuda idónea*" del vers. 18, para la soledad del hombre,
única cosa no-buena que Dios vio en su creación. El "*una
sola carne*" del v. 24 no se refiere únicamente a la unión
sexual, sino también al consorcio en las mismas alegrías y
penas de la vida, como si se tratase de una *sola persona*. [11]
La unidad es tal, que el Gén. 2:23 presenta a Adán poniendo
a la mujer el apelativo de "ishah" = varona, porque fue
tomada del "ish" =varón. Creada del costado del hombre,
la mujer siempre tira hacia el corazón (hace ascender lo
sexual al corazón, mientras el hombre suele rebajar el corazón al sexo) y exige, ante todo, ser amada.

B') *Prolongar la especie humana* por medio de la procreación. Por eso, en cuanto Dios los crea, los bendice y les
dice: "*Fructificad y multiplicaos; llenad la tierra...*" (Gén.
1:28). De ahí, la importancia que para un judío tenía el
alcanzar posteridad, porque a través de ella alcanzaba en sus
herederos el cumplimiento de las promesas divinas. Por eso,
para un judío el no tener hijos, para una mujer el ser estéril,
eran como una maldición de Dios.

---

11. V. Hertz, o. c., pp. 9, 931.

3. Dignidad del matrimonio

Aparte de lo dicho, la dignidad del matrimonio se muestra en la Biblia de dos maneras: (a) por la santidad que Dios le confiere, al hacer del matrimonio el mejor símbolo del amor hacia su pueblo, Israel. Esta íntima relación entre el amor más elevado y el estado conyugal se echa de ver en la literatura rabínica. Dice el Talmud: "El que se casa con una mujer buena, es como si hubiese cumplido todos los mandamientos de la Ley" [12] (comp. con Gál. 5:14). Heb. 13:4 nos asegura que "*el matrimonio ha de ser honorable en todos*" lo cual indica que el estado conyugal es, por decirlo así, *estado de perfección* y no algo menos digno que el celibato, como si fuese una especie de "fornicación permitida" para cristianos de segunda clase. Por eso, el Apóstol arremete contra los que, "*en los postreros tiempos*", "*prohibirán casarse*" (1.ª Tim. 4:1-3); (b) por la gravedad que la Biblia imputa a los pecados contra el matrimonio. Lev. 18:24 presenta las inmoralidades sexuales como la mayor inmundicia ("tumiah"), que profanan hasta el punto de que los infractores de la santidad del matrimonio quedan *cortados* de Dios [13]. Igualmente, era reo de excomunión el individuo que golpeaba a su mujer.[14]

No cabe duda de que el celibato aumenta inmensamente la disponibilidad de la persona. Jesús fue célibe porque su misión era entregarse totalmente a todos, "un ser enteramente comestible" como decía Paul Claudel, y una atadura conyugal hubiera disminuido su disponibilidad, aparte de que su condición consagrada de una manera singular, habiendo recibido el Espíritu sin medida, daba a su auto-control una perfecta seguridad. ¿Fue célibe Pablo? Esa es la opinión más común, aunque el hecho de votar en el Sanhedrín, echando la "piedrecita del voto" (*psephón*, Hech. 26:10), para que matasen a los cristianos, indica que era viudo, pues sólo los

---

12. Citado por Hertz, o. c., p. 935.
13. V. Hertz, o. c., p. 493 (comp. con 1.ª Cor. 7:13-20).
14. V. Hertz, o. c., p. 935.

padres de familia podían ser miembros del Sanhedrín con derecho a voto. En cuanto a los demás apóstoles, con Pedro a la cabeza, tenemos el testimonio del mismo Pablo de que eran casados (1.ª Cor. 9:5). En todo caso, tanto el celibato como el matrimonio requieren su respectivo *don* de Dios (1.ª Cor. 7:7), y embarcar por la fuerza, el temor o el engaño en una u otra nave a una persona inexperta en los mares de la vida, equivale a *tender un lazo* de ruina (1.ª Cor. 7:35). Lo que sí es falso y antibíblico es dar a la virginidad una aureola especial, cuando para una mujer hebrea era una maldición (V: Jueces 11:37), como si el cuerpo y el sexo fuesen sucios, y el mundo un lugar infecto del que hay que huir (V. Mt. 28:19-20; Jn. 17:15).

4. Deberes conyugales

A") *El mutuo amor.* Los maridos deben amar a sus mujeres como a su propia carne, como Cristo amó a su Iglesia, con amor tutelar y sacrificado, según la verdad del Evangelio ("sabiamente" 1.ª Ped. 3:7), con honor y respeto al *vaso más frágil* físicamente, no psíquicamente, y en lo espiritual como a coherederas de la gracia de la vida por la completa igualdad en Cristo (Gál. 3:28), sin airadas asperezas (Ef. 5:25-33; Col. 3:19; 1.ª Ped. 3:7). Las mujeres han de estar sumisas (el verbo griego *hypotasso* no expresa *sujeción,* sino *subordinación,* lo cual indica simplemente que el varón es la cabeza del hogar) a los maridos, con modestia de conducta, gesto y vestido, con respeto y amabilidad paciente, para ganar sin palabras incluso a los no creyentes (Ef. 5:22-24; Col. 3:18; 1.ª Ped. 3:1-6). Si hay verdadero amor, todo marchará bien, superando las dificultades y el paso de los años. Dicen que al amor conyugal le pasa como al vino: con el paso de los años, va perdiendo "cuerpo" y color, pero va ganando en grados. Si hay amor, el varón buscará la compañía de su mujer con más interés que la de cualquier amigo: la mujer le presentará al marido nuevos atractivos y sorpresas agradables. Examínese el marido: ¿por qué se siente su mujer irritable, hosca, depresiva? ¿No le faltará el interés, la caricia, la gratitud, la ayuda, el don-sorpresa, de su marido? Examínese la mujer: ¿por qué prefiere él marcharse con sus amigos? ¿No le faltará la comprensión, el interés por sus problemas, el detalle del plato que a él le gusta, el apoyo, el silencio, de su mujer?

B") *El llamado "débito conyugal"*. La advertencia y el consejo de Pablo en 1.ª Cor. 7:3-5 son de extrema importancia, no sólo para prevenir contra la infidelidad conyugal, sino también por la importancia que lo sexual tiene en el aspecto psico-físico de suprema gratificación placentera que mutuamente se ofrece [15] —algo más importante de lo que se cree para la salud física y mental de la mujer—, como en el aspecto existencial en que se muestra, más que en ninguna otra faceta de la vida —no cabe el disimulo—, el talante egocéntrico o alocéntrico de la persona. La frigidez, la indiferencia o la poca disponibilidad de la esposa pueden acarrear la infidelidad por parte del marido. El egoísmo, la desconsideración, la violencia, pueden aminorar el afecto de la esposa.[16]

C") *La paternidad responsable.* Como personas humanas y como creyentes, los cónyuges pueden y deben planear y regular la procreación, según lo demande su economía, su salud, etc. Es cierto que la Biblia no dice nada sobre el control de natalidad. Más aún, lugares como Sal. 128:3; Ecl. 6:3 y otros muchos presentan la multitud de hijos como una bendición para el marido, así como 1.ª Tim. 2:15 presenta el criar hijos como una bendición salvífica para la mujer; el reverso de la maldición de Gén. 3:16, como ya entrevió Adán en el vers. 20, tras la primera promesa del Redentor.[17]

---

15. De ahí la necesidad de un conocimiento lo más perfecto posible de los aspectos sexuales del matrimonio. Entre la profusa literatura sobre este tema, nos limitamos a citar el libro **Sexo y Biblia,** especialmente las pp. 67-92. (Véase **Bibliografía**).

16. Una mala primera noche de bodas puede marcar su impronta nefasta para toda la vida.

17. V. el comentario de W. Hendriksen, o. c., pp. 111-112.

Sin embargo, no hay motivo para prohibir los anticonceptivos como pecaminosos, con tal que prevengan la *concepción*,
no la *nidificación* (que equivale a un aborto). Lo de Onán
(Gén. 38:8-10) no hace al caso, porque Onán no fue casti-
gado por Dios por impedir la concepción, sino por negarse
a suscitar descendencia al nombre de su hermano.[18]

5. Atentados contra la santidad del matrimonio

A'''') *Las relaciones sexuales prematrimoniales* son un
atentado contra la dignidad misma del matrimonio. Comen-
tando Gén. 24:67: *"La trajo ... la tomó por mujer, y la amó"*,
dice S.R. Hirsch: "En la vida moderna, nosotros pondríamos
primero "la amó" ... Pero, por muy importante que sea el
que el amor preceda al matrimonio, es mucho más importante
el que continúe *después* del matrimonio. La actitud moderna
pone el énfasis en el idilio antes del matrimonio; el antiguo
punto de vista judío enfatiza el amor y el afecto de toda una
vida conyugal."[19] Podríamos añadir que la moderna "sociedad
permisiva" facilita el que los idilios prematrimoniales vayan
demasiado lejos y, con frecuencia, todo el afecto que se de-
rrocha antes, falta después. La exhortación de 1.ª Tim. 5:2
tiene también aquí su vigencia: el novio creyente debe ver
en su novia un co-miembro de Cristo, templo del Espíritu,
coheredera del Cielo, para respetarla como es debido. La
novia creyente debe comprender la fuerza del instinto y no
ser provocativa. Evítense unas relaciones largas, que prolon-
gan demasiado la tensión psíquico-sexual.

---

18. La Iglesia Católica, por boca de Pío XI en su **Casti Connubii,**
tiene por **intrínsecamente** deshonesto el uso de toda clase de anticonceptivos. Tomás de Aquino expuso la razón de ello, alegando que
Dios había instituido los **placeres** para unos determinados **objetivos,** y
que el fin primario del matrimonio es la **procreación;** por tanto, gozar
del placer sexual evitando la procreación, sería algo **contra naturam.**
Pero este argumento se basa en premisas falsas, puesto que el primer
objetivo es "la ayuda idónea" (Gén. 2:18). Además, no es lo mismo
evitar una determinada concepción que **atentar** contra la procreación.
19. Citado por Hertz, **o. c.,** p. 87.

B''') *El divorcio.* La enseñanza clara del Nuevo Testamento es que marido y mujer deben estar unidos de por vida; y, si tuvieren que separarse por algún motivo, deberán quedarse sin casar o reconciliarse (Mc. 10:11-12; Lc. 16:18; 1.ª Cor. 7:10-11). Algunas iglesias protestantes, como la anglicana y otras, admiten el divorcio vincular en dos casos: adulterio (fundados en Mt. 5:32; 19:9) y deserción (fundados en 1.ª Cor. 7:15). En cuanto a Mateo, es de notar que Jesús no dice *"moichéia"* = adulterio, sino *"pornéia"* = fornicación, con lo que parece aludir a uniones ilegítimas por concubinato o cercanía de parentesco. 1.ª Cor. 7:15 habla de la deserción del cónyuge no-creyente, pero no se propone la posibilidad de volver a casarse.[20] Si se trata de cónyuges verdaderamente cristianos, no sólo el divorcio sino también la separación legal nos parecen inadmisibles, tanto desde el punto de vista del hogar de unos creyentes como por el contratestimonio que esto supone frente al mundo. Es un dato muy importante el que un rabino de la fama de Hertz, a pesar de admitir el divorcio vincular en ciertos casos (como lo admiten todos los judíos), esté de acuerdo con nosotros y con la Iglesia de Roma en que, se diga lo que se quiera de Mt. 19:3, parece seguro que Cristo pretendió que el matrimonio fuese indisoluble *en todo caso,* y que así lo practicaban desde el principio los judío-cristianos, como ya lo hacían los esenios y los samaritanos.[21]

---

20. Personalmente, no me atrevo a dogmatizar, desde este versículo, a favor o en contra del divorcio vincular en tal caso, pues la frase **"no está el hermano o la hermana sujeto a servidumbre en semejante caso"**, me hace dudar, aunque me inclino a favor de la disolución del vínculo. Ch. Hodge ve claro aquí el motivo para la rotura del **vínculo** conyugal (en **1.ª Corintios,** trad. de M. Blanch, Londres, Banner of Truth, 1969, pp. 109-110). E. Trenchard (en **1.ª Corintios,** p. 111) dice que, en tal caso, "el cónyuge fiel ha de aceptar la situación por la cual no es responsable...".

21. **O. c.,** pp. 933-934. Como puede verse en Ireneo, la Iglesia primitiva se atuvo, al menos desde el siglo II, a las leyes civiles romanas que permitían el divorcio vincular por causa de adulterio, según

C''') *Los matrimonios mixtos.* Ya desde el principio, la Palabra de Dios se muestra clara en condenar las uniones de personas del pueblo elegido con las de naciones idolátricas. Ex. 34:15-16 es un lugar muy explícito a este respecto. Si se admite que *"los hijos de Dios"* de Gén. 6:2 representan a la descendencia de Seth (los adoradores del verdadero Dios), lo cual es muy dudoso a la vista de Judas, vv. 6-7, y que *"las hijas de los hombres"* del mismo vers. representan a la descendencia de Caín, tendríamos ya antes del Diluvio una muestra de que, como dice Hertz, los matrimonios mixtos pavimentan el camino de la destrucción. [22] En Amós 3:3, se nos dice: *"¿Andarán dos juntos, si no estuvieren de acuerdo?".* Y no cabe duda de que la falta de acuerdo en lo tocante a la fe produce el mayor abismo posible en el seno del hogar (V. Mt. 10:34-36). Por eso, Pablo amonesta seriamente en 2.ª Cor. 6:14ss.: *"No os unáis en yugo desigual con los no creyentes...".* Aunque el Apóstol no menciona explícitamente la unión conyugal, es muy significativo que use el término griego *"heterozygúntes",* que recuerda lo de Deut. 22:10, así como lo de Lev. 19:19, pues ningún otro verbo expresa mejor la desigualdad de ir bajo el mismo "yugo" ("cónyuges"), que el matrimonio comporta, para toda la vida, en el caso de un creyente y un no-creyente (*"apístois"* dice Pablo). Es cierto que hay casos en que un matrimonio mixto ha resultado bien, quizás por la misericordia del Señor, pero el creyente está obligado a obedecer ante todo al Señor. 1.ª Cor. 7:12-16 presenta un caso muy diferente, pues se trata de un matrimonio contraído antes de que uno de los dos se convirtiese al Señor. En este sentido se ha de interpretar el vers. 16, pero no para alegar que el futuro marido o la futura esposa no creyentes podrán ser salvos quizás por este medio, pues, como dice E. Trenchard, "no existe promesa alguna de bendición,

---

la norma: "frangenti fidem, fides frangatur eidem" = al que quebranta la fidelidad, también se le puede quebrantar la fidelidad (o sea, la palabra dada).

22. **O. c.,** p. 366.

aun en el caso que trata el Apóstol; mucho menos puede tomarse como garantía de la conversión del compañero (o la compañera) cuando, desobedeciendo los mandatos del Señor, el creyente incurre en el pecado del "yugo desigual".[23]

D''') *Impedimentos matrimoniales.* Aparte del caso especial de los matrimonios mixtos, hay otros casos en que el contrato matrimonial se halla viciado en su base. Advirtamos de paso que los evangélicos no consideramos al matrimonio como un "sacramento", pero sí como algo *sagrado* por ser de institución divina (como la Iglesia y el Estado) y haber recibido una bendición especial de Dios (Gén. 1:28). Como regla general, en cuestión de impedimentos matrimoniales, podemos estar de acuerdo con el rabino Hertz cuando dice que lo que *prohíbe* la ley civil es ilícito, pero no todo lo que permite la ley civil es lícito, por el aspecto esencialmente religioso del matrimonio. [24] Estos impedimentos pueden ser de dos clases:

(a) *la condición de las personas:* si no tienen uso normal de razón, o la edad prescrita por la ley, o son fisiológicamente impotentes para el acto matrimonial [25], o son parientes muy cercanos [26], o uno de ellos está ya casado (es curioso que el primer bígamo que registra la Biblia fuese un matón y un

23. **O. c.,** p. 112. En cada caso concreto se necesita un tacto especial, y una iglesia ha de agotar los recursos del amor y de la oración, antes de disciplinar a un miembro por este motivo. Adviértase, por otra parte, que este problema exige una solución más restringida que la que podría ofrecer una respuesta afirmativa a la pregunta de si puede uno ser salvo sin pertenecer a una iglesia evangélica.

24. **O. c,** p. 934.

25. Hoy se habla en algunos círculos progresistas católicos de cierta impotencia psíquica o afectiva, como algo que puede minar la base misma de la unión conyugal.

26. Sobre Lev. 18, dice Hertz (**o. c.,** p. 490) que, según la interpretación rabínica, antes de la Revelación del Sinaí, sólo estaban prohibidas cuatro clases de matrimonios: con la madre, la madrastra, una mujer casada, y una hermana uterina (no, si era hermana sólo por parte de padre). El Nuevo Testamento sólo cita 1.ª Cor. 5:1; pero no está claro si Pablo se refiere a un concubinato o a un matrimonio atentado en primer grado de afinidad, según Deut. 22:30. Muchos exegetas suponen esto último.

fanfarrón, Gén. 4:19-24). Hay quienes piensan que a los paganos que tenían varias mujeres en el momento de convertirse al cristianismo, se les permitía la poligamia, aunque a los *obispos* (ancianos supervisores) y a los *diáconos* prescribe Pablo que sean *"maridos de una sola mujer"* (1.ª Tim. 3:2-12; Tito 1:6). [27]

(b) *la nulidad del consentimiento,* a causa de ignorancia o engaño acerca de la persona del contrayente, o a causa de coacción externa o de miedo grave. El contrato matrimonial requiere, por su importancia y duración, pleno conocimiento y plena libertad de consentimiento por parte de los contrayentes.

E''') El atentado más grave contra el matrimonio lo constituyen las relaciones sexuales con otras personas que no sean la propia mujer, especialmente el adulterio, del cual no vamos a añadir más, puesto que como pecado sexual, lo hemos tratado en la lección anterior, y en cuanto a las circunstancias que lo fomentan desde dentro del mismo matrimonio, ya hemos dicho bastante en el p.º 4 de la presente lección. Del aborto trataremos en la lección siguiente.

CUESTIONARIO:

1. ¿Dónde estriba la peculiar relevancia del estado conyugal? — 2. ¿Cuáles son los objetivos que Dios se propuso al instituir el matrimonio. — 3. Dignidad del matrimonio cristiano y su contraste con el celibato. — 4. ¿Cuáles son los principales deberes conyugales? — 5. ¿Qué cosas atentan contra la dignidad y santidad del matrimonio? — 6. ¿Cuáles son los principales impedimentos para que un matrimonio sea legítimo?

---

27. ¿Indica esta frase la prohibición de tener varias esposas, o, más bien, como cree W. Hendriksen, una obligación de ejemplaridad en ser **fieles** a su única esposa? La Iglesia Católica y la Ortodoxa suelen entenderlo como si el Apóstol prohibiese aceptar como obispos o diáconos a quienes hubiesen contraído segundas o ulteriores nupcias. Hendriksen (o. c., pp. 121-122) se opone enérgicamente a esta restricción, a la luz del texto original.

LECCION 27.ª ETICA FAMILIAR

Todo hogar, y por tanto el hogar cristiano, tiene deberes conyugales que afectan a los esposos entre sí, pero ordinariamente hay también otras personas en el hogar: hijos, a veces suegro o suegra, y, cada vez menos, criados o criadas que conviven en el mismo hogar, y a los que los romanos englobaban bajo el epíteto general de *familia* (de *fámulus* = criado); este mismo sentido tiene el *"oikós"* ("casa") en el griego del N. Testamento (V. Hech. 16:31-34, lo que facilita la correcta exégesis del pasaje en cuanto al bautismo), de donde procede *"oikéios"* = familiares o *domésticos,* como también se llama a un criado o a un ama de llaves que viven bajo el mismo techo que la familia. En la presente lección vamos a centrarnos en los deberes de los padres hacia los hijos y de los hijos hacia los padres, dejando los deberes de amos y criados para la lección siguiente.

1. Deberes filiales

Siguiendo el orden de los dos lugares principales del Nuevo Testamento sobre la materia de esta lección (Ef. 6:1-4; Col. 3:20-21), comenzamos por los deberes de los hijos hacia sus padres, y que el texto sagrado especifica así:

A) *Obediencia. "Hijos, obedeced en el Señor a vuestros padres, porque esto es justo."* (Ef. 6:1); *"hijos obedeced a vuestros padres en todo, porque esto agrada al Señor."* (Col. 3:20). Por aquí vemos que los hijos:

(a) *deben obedecer a sus padres.* Lo mismo en latín que en griego, el verbo *obedecer* comporta la idea de "oír desde abajo", o sea, expresa una idea de sumisión, por razón de la autoridad paterna, que es de algún modo representativa de la autoridad de Dios, por lo que el 5.º mandamiento de la Ley se hallaba a caballo entre las dos tablas, pero con mejor encuadre en la 1.ª.

(b) *deben obedecerles en todo,* es decir, en todas las esferas de la vida familiar, puesto que la sumisión lo abarca todo. Esta obediencia tiene dos límites: los derechos de Dios, cuya voluntad ha de prevalecer siempre; y el peculiar llamamiento que cada hijo sienta hacia una profesión determinada y a contraer matrimonio con una persona determinada; advirtiendo, sin embargo, que el consejo de unos padres sensatos y creyentes siempre es para ser tenido en cuenta (V. Prov. 15:5).

(c) *deben obedecerles en el Señor,* lo cual incluye los siguientes sentidos complementarios: en comunión con el Señor, como al Señor (comp. con Ef. 6:7), como agrada al Señor (Col. 3:20), como compete a unos creyentes en Cristo, como es propio dentro de una familia cristiana.

(d) *porque esto es justo.* F. Foulkes [28] opina que esto puede entenderse en cuatro sentidos: porque eso es lo correcto en toda clase de hogar; porque eso está de acuerdo con la Ley de Dios; porque ello está de acuerdo con el ejemplo de Jesucristo mismo. (Lc. 2:51, pero comp. con el vers. 49, para ver que los derechos de Dios van por delante); quizás para recordarles que, en muchas cosas y mientras no estén capacitados para juzgar por sí mismos, deben aceptar la voluntad de los padres antes de poder comprender las razones o motivos.

B) *Amor respetuoso.* "*Honra a tu padre y a tu madre, que es el primer mandamiento con promesa; para que te vaya bien, y seas de larga vida sobre la tierra.*" (Ef. 6:2-3). El respeto, el amor y el honor a los padres no tienen por qué ir

---

28. **Ephesians** (London, The Tyndale Press, 1968), p. 164.

necesariamente ligados a la imagen infantil, cuando el papá era el que todo lo sabía y todo lo podía. Aunque se llegue a sobrepasar un día la fuerza o la cultura de los padres, no debe disminuir el aprecio y el respeto. Es de todo punto inadmisible y pecaminoso el que los hijos se atrevan a replicar a sus padres con malas palabras y mal tono, a ridiculizarles, a hablar mal de ellos a los demás, a sembrar la cizaña entre los progenitores yéndole al uno con cuentos acerca del otro, etc. Entre las muchas enseñanzas que nos ofrece la Palabra de Dios acerca de esto, hay un versículo estremecedor en el libro de Proverbios: *"El ojo que escarnece a su padre y menosprecia la enseñanza de su madre, los cuervos de la cañada lo saquen, y lo devoren los hijos del águila"* (Prov. 30:17). Ef. 6:3 recuerda la promesa de longevidad hecha en Ex. 20:12. Lo cierto es que por experiencia sabemos que, con mucha frecuencia, los hijos sufren a manos de sus propios hijos las desobediencias y desatenciones que ellos cometieron con sus padres.[29]

2. Deberes de los padres

Sin salir de los sagrados textos citados, vamos a examinar ahora los deberes de los progenitores hacia sus hijos:

A') *Animar y estimular a sus hijos.* "*Y vosotros, padres* (el original dice "*patéres*" = padres, como cabezas de familia, sin nombrar a las madres), *no provoquéis a ira a vuestros hijos.*" (Ef. 6:4a); "*Padres, no exasperéis a vuestros hijos, para que no se desalienten.*" (Col. 3:21). La exhortación de Pablo comienza por *lo que no se debe hacer,* por la importan-

---

29. Leí de muy joven la historia de un anciano que era llevado a un asilo, de aquellos "de mala muerte" de hace más de medio siglo, por uno de sus hijos. Al llegar a un descansillo a la vera del camino, ambos se sentaron y el anciano rompió a llorar. —¿Por qué llora Vd., padre? le preguntó el hijo. El anciano respondió entre sollozos: Porque aquí mismo me senté yo con mi padre, cuando lo llevé también al Hospicio.

cia que tiene y por las gravísimas consecuencias que se siguen de no escuchar la advertencia:

(a') *Provocar a ira* o *exasperar,* según el sentido primordial del verbo *"parorgízo",* como dice en Efesios, o *irritar,*
según el sentido de su sinónimo = *"erethízo",* son acciones
que denuncian la mala costumbre de muchos padres y madres
de castigar sin juicio y sin medida (y muchas veces, sin razón
y con golpes sin tino) a sus hijos; de denostarles, incluso
delante de personas ajenas a la familia, como si en todo
fuesen malos, traviesos, holgazanes y sin provecho. Es triste
que haya muchos niños que nunca oyen de labios de sus
padres ni una sola frase de aliento, de estímulo, de alabanza.

(b') *"para que no se desalienten"* (Col. 3:21). La consecuencia de un trato injusto a los hijos es que se desalientan,
se desaniman, pueden adquirir un pernicioso complejo. [30] El
verbo que usa aquí Pablo es *"athymó".* La partícula "a" en
griego denota una carencia o privación, y el nombre *"thymos"*
significa la fuerza de ánimo, el temple y la energía tempera-
mental necesarios para hacer frente a las dificultades de la
vida. Es un término muy conocido en Psicología y Psiquiatría,
como componente de ciertas disposiciones anímicas ("ciclo-
tímico", "esquizotímico", etc.). Con ello, advierte Pablo a los
padres para que no acomplejen a sus hijos con frecuentes
amenazas, desmesurados castigos, denuestos o prohibiciones
continuas ("no hagas esto … no hagas lo otro… no, no, no
¡y siempre "no"!). La correcta actitud, de acuerdo con las
leyes de la Psicología, consiste: 1) en animar a hacer algo
mejor, en vez de centrar la atención del niño en sí mismo,
ya sea con halagos, ya sea con reproches [31]; 2) aplicar, si llega

---

30. Un tendero de Barcelona me refería su caso, al hablar de
este tema: Estuvo en el Seminario algunos años y se salió. Como no
estaba ducho en labores manuales, lo único que escuchaba de su padre
era: "¡eres un inútil!". A causa de este trato, él me aseguraba que le
había costado lo indecible el sacudirse el complejo de inferioridad (en
realidad, todavía le rondaba).

31. F. Künkel, en su extraordinario libro **El consejo psicológico**
(Barcelona, Miracle), propone las tres actitudes —dos falsas y una

el caso de necesidad, castigos que sean verdaderos correctivos, es decir, más psicológicos que físicos, aunque de muy niños sean inevitables algunas zurras, pero castíguese con justicia, con serenidad y haciendo por persuadir al niño de que lo merece; pero nunca deben ser los niños las víctimas del mal genio que los padres tengan por otras causas; 3) no discutir ni pelearse delante de los hijos; 4) cuidar de que no queden sin el afecto y la atención que necesitan, cuando viene al mundo un nuevo hermanito; 5) no hacerles el injusto y perniciosísimo agravio de dar a entender, ni a solas ni ante otros, que no eran. deseados, que vinieron al mundo por "accidente" o "equivocación", o que son un estorbo ahora.

B') *Educar debidamente a los hijos: "sino criadlos en disciplina y amonestación del Señor."* (Ef. 6:4b). Analicemos esta frase tan densa:

a") *"criadlos"* (*"ektréphete"*) El verbo griego "trépho" = nutrir, viene aquí reforzado por la preposición "ek" = "ex" que indica un. cuidado constante y sacrificado en la crianza de los hijos, como si les nutrieran *de su propio interior,* "quitándose el pan de la boca", para que a ellos no les falte.

(b") *"en disciplina".* El original dice "paidéia", que indica una educación a base de corrección pedagógica y que, por tanto, siempre comporta una instrucción (V. 1.ª Cor. 11:32; 2.ª Cor. 6:9; 2.ª Tim. 2:25; Tito 2:12). Se trata, pues, de una disciplina sabia, amorosa, consistente y suave, sin mengua de la firmeza. Esta disciplina ha de dar paso a su tiempo, a fuerza de la debida instrucción y persuasión, a la autodisciplina y al sentido de la propia responsabilidad. Los

---

correcta— que una madre puede adoptar ante su niño de tres años que se ha puesto a dibujar la locomotora del tren en que vio partir a su papá. Puede decirle: "eres un gran artista" (mal, porque halaga el egocentrismo), o "tu hermana lo hubiese hecho mejor" (mal, porque incita al desánimo), o "ahora tienes que dibujar también los coches que llevaba el tren" (correcto, porque estimula la creatividad, desviando la atención del propio "ego"). Añadamos que, a veces, a pesar de Prov. 17:6, los abuelos actúan desastrosamente, interfiriéndose en la responsabilidad que compete a los padres.

padres deben también estar prontos, sin mirar a su propia comodidad, a dar a las preguntas de sus hijos las pertinentes respuestas, lo más correctas, sencillas y adecuadas a su edad, de que sean capaces, incluyendo lo referente al origen de la vida, etc. (lo cual no es difícil acudiendo a ejemplos tomados del reino vegetal, como la fecundación de flores, etc.).

(c") "*Y amonestación del Señor*". También aquí el original nos ofrece una mayor densidad de contenido. La palabra que Pablo usa en griego en vez de "amonestación" es "*nuthe-sía*", palabra compuesta de "nus" = mente, y "thesía" del verbo "títhemi" = colocar o fijar; por tanto, se trata de un aspecto de la educación por el que los padres *fijan la mente* de los hijos en las verdades *del Señor,* estableciendo en ellos sólidas convicciones: criterios y actitudes que corresponden a quien ha sido debidamente instruido en la Palabra de Dios (comp. con 1.ª Cor. 10:11; 2.ª Tim. 3:16, donde ambos vocablos —*nuthesía* y *paidéia*— aparecen como obra de la Palabra de Dios). Este es el más alto y noble deber que los padres tienen para con sus hijos: ayudarles a ser cristianos formados, maduros, consecuentes, por medio de su ejemplo, de la oración, de la lectura y estudio de la Palabra en el hogar; procurando encontrar siempre el tiempo necesario para ello, por la suprema importancia que tiene para el resto de la vida (Prov. 19:20; 22:6).

3. El aborto

Por su índole peculiar, hemos dejado este tema para un punto aparte. Vamos a ceñirnos a los aspectos éticos. Los principios morales a que debemos atenernos son los siguientes:

A") Aunque la Palabra de Dios no habla explícitamente del aborto, sí nos dice que Dios es el autor de la vida, que El nos fue formando en el vientre de nuestras madres (Sal. 139:13-16), y que desde el primer embrión (vers. 16), allí había un ser humano con un destino (por ej. Is. 49:1; Jer. 1:5). Por tanto, nunca hay derecho a provocar directamente el aborto de un feto, por joven que éste sea.

B")   Cuando el feto, por enquistamiento, por posición ectópica, o por la imposibilidad de una extracción normal, constituya un peligro para la vida de la madre, la preponderancia de valores pide que se haga lo posible por salvar la vida de la madre aunque se pierda el feto, el cual, por otra parte, difícilmente podrá sobrevivir si no se atiende debidamente a la madre.

C")   La legalización del aborto en algunos países y las cifras alarmantes de los abortos *conocidos*, son un índice más de la inmoralidad y del materialismo reinantes.[32]

CUESTIONARIO:

1. ¿Cuáles son, según Ef. 6:1-4; Col. 3:20-21, los deberes de los hijos para con sus padres, y de los padres con sus hijos?— 2. Peligros de una corrección "incorrecta". — ¿Qué elementos comporta una buena educación de los hijos? — 4. Principios éticos sobre el aborto.

---

32.   Para cifras y detalles, ver J. Grau, en el libro **Sexo y Biblia**, pp. 133-137.

LECCION 28.ª   ETICA SOCIAL

1. El hombre es un ser social

Nuestros primeros padres fueron creados por Dios en familia que se había de multiplicar (Gén. 1:28) y dotados de la facultad de comunicarse con lenguaje articulado consciente (Gén. 2:19-20). Por tanto, el hombre fue creado como un ser *social* y, como tal, necesita ser *justo* también en este aspecto. Por eso, hablamos de una ética social.

2. La justicia social

Los tratadistas de Moral y de Derecho solían distinguir desde la antigüedad hasta nuestros días tres clases de justicia: conmutativa, distributiva y legal. La justicia *conmutativa* es la que regula las transacciones y los derechos sobre los bienes personales de hombre a hombre, exigiendo una igualdad aritmética o cuantitativa. La justicia *distributiva* afecta a los gobernantes, quienes deben distribuir las cargas y los beneficios equitativamente entre los ciudadanos. La justicia *legal* afecta a los ciudadanos en sus deberes respecto al Estado. Bien entrado este siglo [33], quedó acuñado un cuarto aspecto de la justicia, con el nombre de justicia *social,* que afecta específicamente a las relaciones *sociales* de individuos, empre-

---

33. Fue decisiva a este respecto una brillante tesis doctoral de Enrique Luño Peña, allá por los años 30.

sas, comunidades, etc. en los aspectos laborales, salariales, etc. Considera, pues, al hombre, no en cuanto individuo, sino en cuanto ser *social* que debe cooperar al servicio del bien común *desde la base,* de la misma manera que el Estado tiene obligación, por justicia *distributiva,* de fomentar ese mismo bien común desde la altura.

3. Trabajo y propiedad

El segundo cometido que Dios encargó al hombre recién creado (el 1.º fue multiplicarse) fue, según la imagen de Dios en él, *sojuzgar la tierra y señorearla* (Gén. 1:28). Dios *"lo puso en el huerto de Edén, para que lo labrara y lo guardase"* (Gén. 2:15). Con el pecado, cambió el clima del hombre sobre la tierra, de manera que ésta quedó *maldita:* resultó difícil y hosca para el hombre, el cual tiene que extraer de ella el fruto con sudor y fatiga (Gén. 3:17-19).

Sin embargo, el trabajo conserva todavía los tres fines principales para los que fue instituido: (a) *producir* algo útil; (b) desarrollar la propia *personalidad,* porque el trabajo ejercita la capacidad creativa y artística del hombre; (c) cooperar al *bien común,* elevando el nivel de producción de bienes dentro de la sociedad.

De lo dicho se derivan dos consecuencias de capital importancia para tener criterios correctos sobre la ética social: 1) *la dignidad del trabajo:* no hay ningún trabajo degradante para el hombre, con tal que sea honesto y útil. La Palabra de Dios nos ofrece numerosos textos en apoyo de este aserto, pero nos limitaremos a citar Prov. 10:4; 24:30-31; 1.ª Cor. 4:12; Ef. 4:28; 1.ª Tes. 2:9; 4:11-12; 2.ª Tes. 3:7-10: 2)*la legitimidad de cierta propiedad privada,* puesto que el producto del trabajo del hombre es como una prolongación de su propia personalidad. Advirtamos de entrada que la Biblia nos presenta a Dios como el verdadero dueño de la tierra (Gén. 15:7; Sal. 24:1), pero también vemos que Dios permitía en su pueblo poseer cosas para su bien y para remediar las necesidades ajenas. Lev. 19:9-16 presenta una serie de preceptos de justicia *social,* incluyendo el de no hurtar (que ya era el 8.º mandamiento del Decálogo, Ex. 20:15) y se repetirá a lo largo de la Escritura (Deut. 5:19; Mt. 19: 18; Mc. 10:19; Lc. 18:20; Rom. 13:9).

4. Los sistemas económicos a la luz de la Etica cristiana

Antes de analizar los principales sistemas económicos, bueno será adelantar que las tres fuentes que intervienen en la producción de riqueza son: el trabajo, la técnica y el capital. No cabe duda de que la fuente primordial es el trabajo, entendiéndolo no sólo como *producción,* sino también como *ocupación* de algo que todavía no tiene dueño ("*res nullius*" en la terminología del Derecho Romano). Los linderos entre las haciendas privadas ya se consideran sagrados en el A.T. (Deut. 27:17; Os. 5:10). A la luz de estas consideraciones, ya podemos examinar con mejor conocimiento de causa los principales sistemas económicos:

A) *El Capitalismo.* Como producto del liberalismo económico, el capitalismo propugna la libertad completa (la cualificación ética subjetiva varía según la conciencia de los individuos y las leyes de los Estados) en la adquisición de la riqueza y el empleo del capital según las leyes de la oferta y la demanda. Ha podido producir altos niveles de vida al servicio del confort y del lujo de muchas personas, pero ha favorecido la desigualdad social, el materialismo y la avaricia. Sus contribuciones están teñidas de paternalismo. Su argumento es que la desigualdad básica de los hombres en cuanto a su capacidad y afán por el trabajo no puede menos de producir la desigualdad económica, ya que vemos que, de dos hermanos que heredan la misma fortuna, uno puede hacerse millonario con su talento y su esfuerzo, mientras que el otro se hunde en la miseria por su incapacidad, su prodigalidad y su holgazanería. Esto es sólo una verdad parcial, puesto que la *necesidad* de vivir una vida digna va por delante de la desigualdad de *capacidad;* y, por otra parte, muchos individuos que tienen capacidad y ganas de trabajar no pueden abrirse paso fácilmente en la carrera competitiva que impone el sistema capitalista.

B) *El Socialismo*. Es el sistema que propugna la propiedad pública de los medios de producción, cambio y distribución, dando a las fuerzas productivas o "proletariado" el control de las condiciones de existencia y del poder político de la nación. Tuvo su origen en Karl Marx, y su filosofía, en el plano puramente económico, se basa en dos principios: 1) la *plus-valía* del trabajo sobre el salario: el obrero produce algo que vale *más* que el salario que cobra, puesto que una buena parte de su producto pasa a engrosar el volumen del capital de quien lo emplea como trabajador; 2) la introducción por el capitalismo de un medio de adquisición ajeno a la producción laboral, como es el *comercio* por medio de intermediarios, los cuales elevan el coste de los productos sin poner de su parte otra cosa que el distribuirlos a los consumidores, enriqueciéndose así a costa de éstos sin aportar nada a la producción o al mejoramiento de los bienes de uso o consumo. Este sistema se divide en dos sub-sistemas que son:

(a) el *socialismo reformista*, llamado simplemente *socialismo* (y también *socialdemocracia*), que propugna la colectivización de los medios de producción, pero admite la propiedad privada de los bienes de consumo; además no insiste demasiado en los aspectos ateos y dialécticos del marxismo, y estima que la toma del poder ha de hacerse de acuerdo con el juego democrático de los partidos, o sea por *evolución* social, más bien que por *revolución* sangrienta. Así es, al menos, como el Socialismo aparece en nuestros días, liberalizándose en la misma medida en que el Capitalismo de algunos países ha ido socializándose.

(b) el *comunismo*, ya estatal, ya libertario, que propugna la colectivización no sólo de los medios de producción, sino también de los bienes de consumo; insiste en los aspectos ateos y dialécticos del marxismo, aspirando a llegar por la vía revolucionaria a la dictadura del proletariado.

Prescindiendo de los aspectos políticos y económicos de estos sistemas y ciñéndonos al aspecto ético, hemos de decir que cualquier sistema que favorezca la explotación del hombre por el hombre o por el Estado, o niegue los valores espirituales, o favorezca la desigualdad económica de las clases sociales, es contrario a la dignidad de la persona humana y al espíritu del Evangelio. En cambio, todo sistema en que el hombre pueda ejercitar sin trabas su capacidad creativa y subvenir a sus necesidades y a las de su familia mediante un trabajo remunerado, y en que se pongan por obra los postulados de la justicia social, es compatible con el espíritu del Evangelio.

5.   ¿Es el Evangelio un manifiesto revolucionario?

Cunde hoy en los medios religiosos juveniles, especialmente en la vanguardia del progresismo católico, la idea de que Jesús vino a predicar un Evangelio social, haciendo de la Buena Noticia de Salvación una especie de manifiesto revolucionario. Es preciso deshacer este equívoco mediante una precisión muy importante. Es cierto que el Evangelio comporta una *revolución,* Y UNA REVOLUCION MUCHO MAS HONDA QUE EL COMUNISMO, puesto que tiende a *revolver el mundo entero* (Hech. 17:6), trastornando el sistema de los ídolos de todas las clases e imponiendo la adoración y el servicio al único Dios, y cambiando el corazón mismo del hombre, mediante el nuevo nacimiento, implantando en su interior el *amor* como primer fruto del Espíritu, único modo de encontrar remedio para las injusticias sociales. Todos los sistemas económicos que pretendan cambiar la situación político-social, sin cambiar el corazón del hombre, están abocados al fracaso, porque el hombre es, por propia naturaleza, egocéntrico. Por tanto, el Evangelio no es un manifiesto social, pero impone y requiere un *cambio de mentalidad,* con el cual todas las exigencias de la justicia social obtienen su cabal cumplimiento.

Esta es la razón por la cual ni Jesús ni los apóstoles propugnaron un sistema económico determinado, dado que el pueblo judío ya tenía solucionados sus problemas socio-económicos mediante las sabias disposiciones dadas por Yahveh en Lev. 25. Jesús puso la "pobreza en espíritu" como la primera de las bienaventuranzas y señaló la prioridad de lo espiritual en la preocupación de los suyos, con fe en la Providencia (Mt. 6:24-34). Por lo demás, tuvo amigos de buena posición, como Lázaro, Nicodemo, Zaqueo y José de Arimatea. Es cierto que la Iglesia primitiva de Jerusalén comenzó ensayando una especie de *comunismo blanco* (Hech. 2:44-45; 4:32-37), pero no era impuesto, sino voluntario, y, aun tratándose de creyentes, tuvo sus fallos, por el egoísmo inherente a nuestra naturaleza (Hech. 5:1-11). Para Jesús, el dinero tendía fácilmente a convertirse en un ídolo que arruina la verdadera vida del hombre (Mt. 13:22; 19:23; Lc. 12:15 y otros). La carta de Pablo a Filemón no aboga directamente por la abolición de la esclavitud, pero sienta las bases de una convivencia social, en que el amor compense de sobra làs diferencias de clase. Lo cierto es que la primera comunidad de Jerusalén era pobre (1.ª Cor. 16:1) y que, aun en la próspera Corinto, eran muy pocos los creyentes que pertenecían a las clases altas (1.ª Cor. 1:26-29). No olvidemos que el Evangelio es, ante todo, una Buena Noticia *para los pobres* (Is. 61:1-2; Sof. 3:12; Lc. 4:18; 7:22). La "koinonía" exige la comunicación de bienes entre los creyentes (Hech. 2:42; 1.ª Jn. 3:16-18).

6. Deberes sociales de los creyentes

Decimos "de los creyentes", no porque los demás queden exentos de tales deberes, sino porque tratamos de Etica *cristiana*. Nos atendremos a lo que dice la Palabra de Dios:

A") *Amos y criados.* Ef. 6:5-9; Col. 3:22-25; 4:1 nos ofrecen principios éticos básicos para la convivencia social de amos y criados, aplicables a jefes y empleados:

(a)   Los criados y empleados han de ser obedientes, sumisos, sinceros, trabajando de buena gana, como quien cumple la voluntad de Dios, no sólo cuando los ve el amo, *"con temor y temblor"*, o sea, con respeto y sentido de la responsabilidad; sin "injusticias", o sea, no defraudando con falta deliberada de rendimiento, ni perjudicando a los intereses del amo o de la empresa (Ef. 6:5-8; Col. 3:22-25).

(b)   Los amos y jefes deben retribuir justamente, sin amenazas ni otros modos de coacción, sin acepción de personas, percatándose de que también ellos tienen en los Cielos un Amo que les exigirá cuentas (Ef. 6:9; Col. 4:1). Sant. 5:1-6 es una tremenda requisitoria contra los explotadores de jornaleros y obreros; también vemos que en 2:1-13 acusa sin paliativos a quienes muestran acepción de personas o favoritismo, deshaciéndose en atenciones con los ricos, mientras desdeñan a los de humilde condición.

B")   *El derecho a la propia reputación.* Fácilmente se olvida que uno de nuestros primordiales deberes sociales es el de respetar la reputación ajena. (Ex. 20:16; Deut. 5:20). Sant. 3:1-12 describe plásticamente el daño que puede hacer una mala lengua. Muchos creyentes que parecen extremadamente puritanos en otras materias, no tienen empacho en publicar secretos fallos de otros hermanos ni en dañar su estimación con frases, gestos, reticencias o silencios calculados. El orgullo, el egoísmo o la envidia suelen estar en la base de tales actitudes muy poco cristianas. *"Si alguno no ofende en palabra, éste es varón perfecto"* (Sant. 3:2). Los escritores y periodistas tienen una grave responsabilidad a este respecto. Un pequeño detalle mal comprobado, cualquier inexactitud en la información de un hecho, pueden producir un perjuicio de consecuencias a veces irreparables.

C")   *Integridad y responsabilidad en el desempeño de la propia profesión.* El hecho de ser creyente debe estimular a una persona a responsabilizarse más que nadie en el ejercicio competente, íntegro, justo y responsable de la propia profesión. Los fallos de los creyentes en materia económico-social,

además de ser pecado, son un contratestimonio lamentable.
Nadie debe esmerarse mejor que el creyente en dar el debido
rendimiento en el trabajo, en retribuir justamente a los sub-
ordinados o empleados, en llevar honestamente un negocio,
en ejercitar con integridad y competencia la propia profesión.
No puede aparecer como buen creyente el que no se esfuerza
en ser un buen médico, abogado, profesor, obrero, jefe de
empresa o empleado.

CUESTIONARIO:

*1. ¿En qué consiste la justicia social? — 2. Dignidad y fun-
ción social del trabajo y de la propiedad. — 3. Los sistemas
económicos a la luz de la Etica. — 4. Valor social del Evangelio. — 5. Deberes sociales de los creyentes.*

LECCION 29.ª ETICA CIVICA

1. Las dos ciudadanías del creyente

Por su condición de "cristiano peregrinante" (1.ª Ped. 2:11), el creyente tiene dos ciudadanías: la del Cielo (Flp. 3:20), donde está registrado en el padrón del libro de la vida del Cordero (Flp. 4:3; Ap. 3:5; 13:8; 20:12-15; 21:27; 22:19), y donde le está reservado un estupendo apartamento (Jn. 14:2-3), con tesoros que no pueden ser hurtados ni echarse a perder (Mt. 6:19-20); y la de la tierra, puesto que está en el mundo (Jn. 17:11-15-18) y debe obedecer las leyes justas de las autoridades del mundo (Rom. 13:1-8; 1.ª Ped. 2:13-17). Esta doble ciudadanía exige que el cristiano piense en sus deberes cívicos y se esfuerce por cumplirlos.

2. El Estado

Dondequiera que existe una comunidad de seres humanos, se precisa una organización, que el griego del N.T. expresa con el verbo *hypotásso,* en cuya raíz está clara la idea de subordinación dinámica. De la familia al clan, del clan a la tribu, de la tribu a la región o provincia, y de éstas a la nación y al Estado, la evolución socio-política siempre ha seguido una línea constante e ineludible. La "pólis" o *ciudad* siempre ha sido el núcleo natural organizado, desde el cual, de diversas maneras, se han constituido los diversos Estados a lo largo de la historia. Mientras el concepto de *nación* (del verbo latino *nascor* = nacer) comporta la idea de una comunidad de individuos asentados en un determinado territorio, con unos caracteres étnicos comunes: raza, lengua cultura, historia, tradiciones, conciencia de cuerpo étnico-político diferenciado, la idea de *Estado* implica directamente la organización política de un país con personalidad jurídica independiente en el plano internacional y con unos límites territoriales determinados por la jurisdicción en que se extiende su soberanía.

El Estado, como la Iglesia y la familia, ha sido fundado por Dios. Pablo nos dice (Rom. 13:1) que toda autoridad viene de Dios "*y las que hay, por Dios han sido organizadas* (mejor que "*establecidas*" R.V.), donde el original emplea el mismo verbo que los griegos usaban para indicar la colocación de un ejército en orden de batalla ("*tásso*", de donde procede "táctica").

La Biblia ya en Gén. 10, donde se detallan los primeros descendientes de Noé, emplea un mayor número de nombres de pueblos organizados que de personas individuales. La organización del pueblo elegido comienza propiamente en el desierto, donde tenemos el dato curiosísimo de que Jetro, el suegro de Moisés y que no pertenecía al pueblo hebreo, da a su yerno un magnífico consejo, que contribuyó decisivamente a la buena organización de Israel (V. Ex. 18:13-26).

El sistema político del pueblo judío era la *teocracia,* pues Yahveh era el único Señor y Rey soberano de su pueblo. Este régimen del desierto continuó durante el período de los Jueces, hasta que el pueblo insistió en tener un "rey", lo cual constituyó un pecado a los ojos de Dios (1.ª Sam. 8:7: "...*a mí me han desechado, para que no reine sobre ellos*").[34] Tras los tres primeros reyes (Saúl, David y Salomón), el reino se dividió en dos: Israel y Judá, hasta la cautividad de Babilonia. La monarquía hebrea había durado unos 450 años.

Durante la vida terrenal de Jesús, Palestina estaba bajo el yugo de los romanos, que la gobernaban por medio de un pro-

---

34. Como hace notar J.B. Watson, también en la Iglesia ocurrió algo parecido, buscándose un "rey visible" (V. mi libro **La Iglesia, Cuerpo de Cristo,** Tarrasa, CLIE, 1973, p. 215 y nota 26).

curador, gobernador o pretor, mientras el Sanhedrín, con un presidente y setenta ancianos, era la sede del gobierno religioso. El pueblo tenía que pagar los impuestos al César, y los recaudadores de impuestos, que conocemos con el nombre de "publicanos", eran para los judíos una casta "pecadora" y execrable. La famosa respuesta de Jesús en Mt. 22:21 "*Dad a César lo que es de César, y a Dios lo que es de Dios*", es un principio básico para la ética cívica del creyente. Por su parte, Jesús rechazó toda invitación a ejercer un reinado temporal y político (V. Jn. 6:15). Sólo antes de subir a la Cruz, confesó ser rey, añadiendo que su reino no era de este mundo (Mt. 27:11 y paralelos; Lc. 23:42-43; Jn 18:36-37).

Jesús no dejó de advertir a los suyos que la profesión de la fe cristiana les crearía problemas con las autoridades, lo mismo que con el resto del mundo (Jn. 15:18-21; 16:1-4), y ordinariamente se cumple su palabra de que "*cualquiera que os mate, pensará que rinde servicio a Dios*" (Jn. 16:2). Pronto vieron los apóstoles cumplida esta profecía (Hech. 4:3ss.; 5:17ss.; 6:8ss.; 8:1ss.; 9:1ss.; 12:1ss.; etc.). Por eso, enseñan que la persecución es algo normal en la vida del creyente (2.ª Tim. 3:12; 1.ª Ped. 4:12-16; Ap. 12:13). Advierten que hay que obedecer a Dios antes que a los hombres (Hech. 4:19; 5:29), y deploran que los creyentes lleven sus pleitos ante los tribunales civiles paganos (1.ª Cor. 6:1-7), pero mandan obedecer a las autoridades en todo lo que no vaya contra la voluntad de Dios, como veremos después.

3. Los sistemas políticos y la Etica cristiana

La fe cristiana no está ligada a ningún sistema político, y el creyente es libre de simpatizar, adherirse, votar, etc. a favor de cualquier partido o sistema político que salvaguarde el concepto de autoridad, la libertad y dignidad de la persona humana y permita la profesión y el testimonio de las creencias religiosas de los ciudadanos. Hay dos sistemas extremos que atentan contra estos principios: el totalitarismo y el anarquismo.

A)   El totalitarismo, ya sea fascista, nazi o marxista, impone de arriba abajo una sola clase de filosofía de la vida en todos los órdenes, dañando la dignidad y libertad de la persona y absorbiendo el control total de todos los aspectos que afectan a la vida social, incluido el religioso. Un creyente no puede admitir esto, y tiene que repetir lo que dijo Pedro ante el Sanhedrín (Hech. 5:29).

B)   El anarquismo, como su nombre indica, se opone a toda autoridad, lo cual es igualmente inadmisible para todo creyente. Pablo dice claramente: *"Quien se opone a la autoridad, a lo establecido por Dios resiste; y los que resisten, acarrean condenación para sí mismos"* (Rom. 13:2). Queda un tercer sistema político admisible:

C)   La democracia, que puede definirse como "el gobierno del pueblo por el pueblo y para el pueblo". Es un sistema que da libertad al hombre para seguir y expresar sus convicciones personales, y en el que el pueblo tiene en los organismos legislativos y administrativos del Estado una auténtica representación. Ahora bien, esta democracia puede revestir diversas formas (orgánica o inorgánica, socializante o liberalizante, etc.) y su puesta en marcha depende de muchos factores étnicos y culturales. Permítasenos solamente dos observaciones que afectan al terreno ético en que nos movemos:

(a)   Los creyentes pueden y deben acatar y obedecer, en todo lo que no sea contra su conciencia de cristianos, a las autoridades de cualquier sistema político.

(b)   Están en el derecho y en el deber de promover pacíficamente un estado de cosas en que mejor se salvaguarden la verdad, la justicia y la libertad. En principio diríamos que el mejor sistema político es la democracia pura, pero no se olvide que la democracia, como la libertad, *hay que merecerlas*. La capacidad de convivencia libre y democrática está en razón directa con la educación social y política, así como con la madurez cultural, psíquica y moral (honestidad cívica) de los ciudadanos. La responsabilidad de esta educación cívica y política para tal democracia no incumbe sólo a los individuos, sino principalmente a los gobiernos y a los órganos de formación e información. Lo que no forma, o lo que deforma, las mentes de los ciudadanos respecto a los valores de verdad, bien, justicia, etc., es éticamente *malo*. Queda por advertir algo de suma importancia para un creyente: El cristiano tiene derecho a mantener y expresar sus opiniones políticas, pero no debe nunca *entrar en la palestra política como creyente, sino como ciudadano;* de lo contrario, introduce en la fe (y en la Iglesia), que es factor de *unidad*, un elemento de división. Esto afecta especialmente a los ministros del Señor o líderes de movimientos religiosos.

4. Iglesia y Estado

La Iglesia y el Estado son dos tipos distintos de sociedad, con dos objetivos también específicamente distintos: el Estado está destinado a procurar el bien común de la nación en el terreno de las realidades temporales (con mayor o menor subsidiariedad), mientras que la actividad de la Iglesia se mueve en el terreno de los valores del espíritu (vivir la fe y proclamar el Evangelio).

Por eso, los evangélicos, siguiendo el ejemplo de Cristo (Mt. 22:21), defendemos la separación de la Iglesia y del Estado, de forma que cada uno sea soberano en su propia esfera. Ni la Iglesia tiene derecho a ingerirse en lo político, ni el Estado tiene derecho a ingerirse en lo religioso. Por tanto, creemos que ni la Iglesia debe ser *estatal*, ni el Estado —como tal— debe ser *confesional*. La *Civitas Dei* no pertenece a este mundo, aunque tenga que vivir en él. Y el matrimonio Iglesia-Estado ha sido fatal para ambos cónyuges. Lo demuestra toda la historia de lo que ha venido en llamarse la *era constantiniana*. Ha sido gloria de los *bautistas* y grupos anejos (Hermanos, etc.) haber propugnado esta separación de poderes, cuando en todos los círculos estaba de moda el defender la oficialidad de la Iglesia o la confesionalidad del Estado. Hoy son ya muchos los católicos, incluso en nuestra patria, que se inclinan a favor de la separación (lo cual no equivale a enemistad o falta de colaboración). No dejamos de percatarnos de que hay materias de competencia *mixta* (matrimonio, educación, etc.), pero pueden resolverse en armonía con buena voluntad, si se delimitan correctamente los campos. Ninguna confesión religiosa debería vivir a costa de los fondos del Estado, y todas habrían de contar con las mismas facilidades para llegar a los medios de información.

5. Deberes cívicos del creyente

Ateniéndonos principalmente a las enseñanzas del Nuevo Testamento, podemos decir lo siguiente:

A') El creyente debe esmerarse en la obediencia y sumisión a las autoridades y a las leyes, no sólo por temor al castigo, *sino en conciencia* (Rom. 13:1-5). Estas leyes incluyen, por supuesto, las del tráfico, contratos, negocios, etc.

B') El creyente debe esmerarse en pagar puntualmente tasas, tributos, contribuciones e impuestos, sin procurar excepciones ni favoritismos (Rom. 13:6-8).

C') El creyente debe a las autoridades, no sólo sumisión y obediencia, sino también honor y respeto (1.ª Ped. 2:13-17).

D') El creyente no puede eximirse de su participación en la vida política, sino que debe cooperar aportando sus ideas, eligiendo a los mejores, gobernando y administrando con equidad, honradez y responsabilidad, si es elegido para puestos de mando.

Hay otros aspectos relacionados con la responsabilidad cívica del creyente, que serán abordados en la lección siguiente, porque nos parece que tienen allí su lugar adecuado.

CUESTIONARIO:

1. ¿Por qué no puede un creyente evadirse de los deberes cívicos? — 2. Fundación e historia del Estado. — 3. Los sistemas políticos a la luz de la Etica. — 4. Las relaciones entre la Iglesia y el Estado dentro de una perspectiva correcta. — 5. Principales deberes cívicos del creyente.

LECCION 30.ª EL COMPROMISO DEL CRISTIANO EN EL MUNDO

1. El mundo del creyente

Aun a costa de repetir nociones ya explicadas en otros volúmenes de esta serie teológica, vamos a analizar la terminología bíblica para expresar la realidad que llamamos mundo. Dos son los vocablos con que el griego del N.T. expresa nuestra palabra *mundo:*

A)   *"aión"* = siglo o evo (a través del latín *aevum*), expresando una época determinada de la Historia (así hablamos del Medievo o Medio Evo, para referirnos a la Edad Media), pero que tiene también el significado de *mundo,* en cuanto que expresa *el espíritu del tiempo presente.* En este sentido dice Pablo que *el dios de este siglo* (podía haber dicho: "del mundo actual") *cegó el entendimiento de los incrédulos, para que no les resplandezca la luz del Evangelio...* (2.ª Cor. 4:4). Si sustituimos "dios de este siglo" por "príncipe de este mundo" (comp. con 1.ª Cor. 2:8 *"príncipes de este siglo"*), que es como Jesús llama al demonio (Jn. 12:31; 14:30; 16:11), nos percataremos de la sinonimia.

B)   *"cósmos"* = mundo. Este vocablo griego comporta la idea de "orden", en oposición al *"caos"* o desorden; supone, por tanto, una organización. Tiene en el N.T. cuatro sentidos:

    (a)   el Universo entero (Jn. 1:10b, comp. con 1:3).
    (b)   el planeta que habitamos (Jn. 1:9-10a).

(c)   la humanidad entera que puebla nuestro planeta (Jn. 3:16).

(d)   los *mundanos,* o sea, el sistema de criterios y actitudes opuestos a Dios, a Cristo y al Evangelio: el bloque de los que rechazan la luz (Jn. 1:10c) y *yacen en el Maligno,* como dice el original de 1.ª Jn. 5:19.

Este último sentido es el que predomina (casi un 80%) en el Nuevo Testamento. Juan 17 es un capítulo en que se barajan muy distintamente, como en el cap. 1, pero con más frecuencia, los cuatro sentidos: (a) en el vers. 5 y en el 24 (en total, dos veces); (b) en los vers. 11 —dos veces—, 12-13, y 15 (cinco veces); (c) en los vers. 18 —dos veces—, 21 y 23 (cuatro veces); (d) en los vers. 6-9, 14 —tres veces—, 16 —dos veces—, y 25 (ocho veces). 19 veces, en total, sólo en este capítulo.

Y es precisamente en este capítulo, en el que Cristo nombra ocho veces en sentido peyorativo a este *mundo* que no ha querido *conocerle,* y de cuya contaminación pide al Padre que los preserve, donde el mismo Jesús habla de enviar los suyos al *mundo.* ¿Por qué? Porque los discípulos de Cristo, los creyentes, la Iglesia, tienen la *misión* de ser *"sal de la tierra"* y *"luz del mundo"* (Mt. 5:13-14), pues a todo el mundo hay que llevar el mensaje de salvación (Mt. 28:19 *"a todas las gentes";* Mc. 16:15 *"a toda creatura";* Lc. 24:47 *"en todas las naciones";* Jn. 20:21 *"Como me envió el Padre, así también yo os envío"* —a perpetuar su obra—; Hech. 1:8 *"y me seréis testigos ...hasta lo último de la tierra".*

2.   «Luz del mundo» y «sal de la tierra». ¿Y «levadura»?

Para entender bien el papel del cristiano en el mundo, bueno será examinar de cerca el sentido que Jesús dio a las tres metáforas de "sal", "luz" (Mt. 5:13-14) y "levadura" o fermento (Mt. 13:33; Lc. 13:21).

La *sal* tiene dos características principales: (a) es diferente del medio en que se coloca y ahí radica su poder; así el creyente tiene que ser diferente (*"cosa extraña"* 1.ª Ped. 4:4) del medio en que se mueve, como la sal en el plato de carne; (b) su objetivo es preservar de la corrupción, como un antiséptico; por lo cual, ha de retener su virtud germicida; de lo contrario, no sirve para nada; tanto es así que los generales romanos solían sembrar de sal las tierras enemigas para hacerlas improductivas. Esto se aplica igualmente al creyente, quien pierde su razón de ser como testigo de Cristo, se hace *inútil* (Lc. 14:35) si no ejerce su función antiséptica en medio del mundo, tanto con su conducta como con su palabra "*sazonada con sal*" (Col. 4:6).

La *luz* ilumina lo que de suyo estaría oscuro; para ello necesita tener potencia, dirección, elevación y ausencia de objetos que se interfieran en el rayo que emite su foco. De la misma manera, el creyente debe emitir la luz de testimonio, de palabra y de obra, en contacto directo y continuo con el que es "*la luz del mundo*" (Jn. 8:12), sin esconderse bajo el celemín, sino puesto sobre el candelero, es decir, en lugar conspicuo, viviendo y actuando siempre, en casa, en la calle, en el taller, en la oficina, etc., de forma que su luz sea manifiesta e ilumine directamente aquellos aspectos de la vida que ofrecen una grave problemática a todos cuantos les rodean. Este mundo insatisfecho, confuso y doliente, necesita luz, amor, ánimo, guía, consuelo; y todo ello, sólo lo encontrará en Jesucristo *a través de sus testigos*.[35]

La *levadura* es siempre en la Biblia —sin excepción alguna— símbolo de corrupción e impropia de creyentes que viven el misterio pascual con ácimos de sinceridad y de verdad (1.ª Cor. 5:7-8). Comparto enteramente la opinión de una minoría, bien fundada en la Biblia, que entiende *también* la "levadura" de Mt. 13:33; Lc. 13:21, en sentido peyorativo. Col. 2:8 puede decirnos algo de esas tres medidas de levadura que han infectado la Iglesia desde el principio. Es de notar que dicha parábola está emparejada con la de la semilla de mostaza (Mt. 13:31-32; Lc. 13:18-19), que nos

35. V. R.V.G. Tasker, **Matthew** (London, The Tyndale Press, 1961), pp. 63-64.

ofrece en la Iglesia un fenómeno de "gigantismo", por el cual
un arbusto trueca su naturaleza en la de un árbol, en cuyas
ramas llegan a anidar *las aves del cielo*. Quiénes sean esas
aves lo declaran los vers. 4 y 19 del mismo capítulo, comp.
con Ef. 6:12.

3. Bases teológicas de una ética de compromiso

Es preciso advertir que, cuando en esta lección hablamos
de "compromiso", no entendemos este vocablo en su acepción
de "avenencia", "componenda" o "claudicación", sino en
la de "entrega", "empeño" y "riesgo".

Es muy significativo que los puritanos hipercalvinistas se
hayan preocupado muy poco por los problemas que acosan
al mundo circundante; incluso los más fervientes en predicar
el Evangelio para salvar a los hombres perdidos y así resca-
tarlos del fuego del Infierno, no ofrecían soluciones positivas
para los graves problemas de la pobreza, el hambre, el desempleo, la guerra, etc. Hay incluso hoy grupos de esta
ideología que ni siquiera se preocupan por la tarea misionera
de la Iglesia, esperando a que el Espíritu Santo lleve de las
orejas a sus capillas semidesiertas a los que Dios ha destinado
desde la eternidad que se habían de salvar.

Fueron precisamente dos hombres que creían en la *oferta
universal* de salvación a todos los hombres, los dos principales
pioneros de la obra misionera por parte de los evangélicos
ingleses. Andrew Fuller (1754-1815) y William Carey (1761-
1834) pusieron los cimientos del verdadero evangelismo pro-
testante, por haber sabido huir tanto del hipercalvinismo como
del arminianismo. En efecto, una teología que predique una
redención limitada y rechace la gracia común y la oferta general de salvación, va contra la Palabra de Dios (Jn. 1:9 "a
todo hombre"; 3:16 "al *mundo*" —sin restricciones—; 1.ª
Tim. 2:4 —vers. decisivo—; 1.ª Jn. 2:2 "propiciación por
nuestros pecados; y no solamente por los nuestros, sino también por los de *todo el mundo*"). Por otra parte, si se quita

a Dios la iniciativa en la obra de la salvación, y se hace creer al oyente que él mismo está decidiendo su salvación con un gesto, una palabra o una corazonada, se olvida que es el Señor quien abre el corazón para escuchar y recibir el mensaje (Hech. 16:14). Una equivocada interpretación de Apoc. 3:20 (fuera de su contexto como si las palabras de Cristo fuesen dirigidas a *inconversos,* cuando van dirigidas ¡a una *iglesia!*), ha dado pie a equivocaciones peligrosas, reflejadas ordinariamente —no negamos que haya excepciones de buenos frutos— en resultados superficiales y efímeros.

Ambos extremos teológicos, un pesimismo radical, de tipo calvinista, o un optimismo exagerado, de tipo arminiano o neo-pelagiano, influyen también decisivamente en la conducta de un creyente respecto a su compromiso en los problemas que plantean las realidades temporales. La verdadera base bíblica de una ética de compromiso consta de los siguientes puntos doctrinales:

A) La humanidad está caída por el pecado, pero quedan en ella algunos rasgos (aunque obnubilados) de la imagen de Dios en el hombre; los suficientes para sentir aquella nostalgia de Dios, de la que hablaba Agustín de Hipona al decir en sus *Confesiones:* "Nos hiciste, Señor, para ti, y está intranquilo nuestro corazón hasta que descanse en ti". El hecho mismo de la insatisfacción reinante y de ese aburrimiento existencial que sólo el ser humano es capaz de sentir, nos habla de ese abismo que hay en el corazón del hombre y que sólo se llena con el Infinito, porque todo lo demás es como *"cisternas rotas que no retienen agua"* (Jer 2:13). Esto es lo que yo llamo "los puntos flacos del hombre para el bien, para el Espíritu"; y el creyente debe sentir ante esto una inmensa *compasión,* como Jesucristo (Mt. 9:36) y una *esperanza* de *creyente* que *ama* (1.ª Cor. 13:7: *"todo lo espera"*).

B) Todo lo bueno que hay en el mundo, en todos los campos: trabajo, arte, cultura, la verdad, la justicia, la libertad, es acepto a Dios y está bendecido y promocionado por su gracia común. Ningún verdadero valor humano está destinado a perecer (¿no indica algo de eso Apoc. 21:26, a la luz de Is. 60:11?), y la creación entera gime con dolores de parto por ser redimida de su condición de clima inhóspito para el hombre (Rom. 8:19-23). No cabe duda de que el Espíritu de Dios trabaja en todo lo humano de todos los hombres para iluminar, aliviar, disponer, ayudar en todo lo bueno, bello, verdadero y justo que se hace en el mundo. Así que nadie mejor que el creyente puede repetir el famoso dicho de Terencio: *"nihil humani a me alienum puto"* = nada de lo humano lo considero ajeno a mí. En esta dirección está la exhortación de Pablo en Flp. 4:8.

C) Por tanto, el creyente tiene el derecho y el deber de *comprometerse* a favor de todas las causas justas: por la paz, la verdad, la justicia, la libertad; contra el hambre, el desempleo, la explotación, la violencia, la guerra, la tortura, etc. Pero con una importante precisión que F. Schaeffer y Oswald Guinness hacen constantemente en sus libros y conferencias: *el cristiano debe ser un cobeligerante en las causas justas, pero no puede ser un aliado de los partidarios de la violencia.* Naturalmente, esta postura es, a veces, muy incómoda, puesto que hace al creyente un blanco de las iras de todos: de los conformistas, porque lo creerán demasiado revolucionario; de los revolucionarios, porque lo tendrán por demasiado conformista. Pero éste es su camino, si ha de seguir las huellas de Cristo. ¿No fue Cristo el blanco de las iras, tanto de las derechas como de las izquierdas de su tiempo?

4. Problemas de difícil solución a la luz de la Etica cristiana

De los principios expuestos se deduce que el creyente ha de huir de dos extremos: del secularismo antropocéntrico que centra su interés en lo puramente humano, sin dar importancia a lo eterno ni a la urgencia de la salvación; y del angelismo desencarnado, interesado únicamente en la "salvación del alma", con poca o ninguna preocupación por las realidades temporales y los problemas acuciantes de la humanidad.

El compromiso ético del cristiano aparece claro cuando se trata de problemas como el *racismo,* que atenta contra la dignidad del hombre, y establece clases étnicas donde Cristo vino a derribar muros de separación (V. Lc. 10:25-37; Jn. 4:9; Hech. 10:34; Gál. 3:28; Ef. 2:14; Col. 3:11; Sant. 2:9). También el *feminismo* bien entendido es una causa justa, digna del compromiso del creyente (Gál. 3:28 "...*no hay varón ni mujer*"; 1.ª Ped. 3:7 "*coherederas de la gracia de la vida*"). Todos estamos de acuerdo en rechazar la tortura, la explotación, la carrera armamentista, etc. Pero hay dos problemas de difícil solución, para un creyente, a los que aludiremos brevemente.[36]

A') *La guerra.* "Desde el día en que Caín se levantó para matar a su hermano Abel, los hombres han estado en conflicto unos con otros" dice Giles [37]. La historia del mundo es la historia de las guerras de la humanidad. El A.T. nos da la impresión de que Dios aprobaba y alentaba la guerra (1.ª Crón. 5:22), pero una sana hermenéutica nos enseña: (a) que la preservación del pueblo elegido, con sus oráculos y las promesas de redención, hacían a veces necesario oponerse a los impíos circunvecinos; (b) que no todo lo violento del A.T. era aprobado por Dios; así vemos cómo Yahveh, con símbolos apropiados a la mentalidad judía, hace ver a Elías que no aprueba sus métodos violentos (1.ª Rey. 19:11-12). Por otra parte, los profetas sueñan con el día futuro en que la paz será tan grande, que las armas serán convertidas en instrumentos de labranza (Is. 2:1-4; Miq. 4:2-4: la paz escatológica). El Mesías fue profetizado como "*Príncipe de Paz*" (Is. 9:6), llamó felices a los pacificadores (Mt. 5:9), abogó por el amor al enemigo (Mt. 5:44) y pidió perdón para sus verdugos (Lc. 23:34). Pero Dios hizo al hombre libre y, con

---

36.   No podemos extendernos más, si hemos de ceñirnos al tamaño acordado para los volúmenes de esta serie teológica. Para más detalles, V. J.E. Giles, **o. c.,** pp. 160-175 y H. Bürki, **El cristiano y el mundo** (Barcelona, EEE, 1971).

37.   **O. c., p.** 161.

ello, cargó con el riesgo de que se desviara, hasta el punto de introducir el pecado, la muerte, la guerra...

¿Puede un cristiano participar en la guerra? A pesar de lo que parece deducirse de Mt. 5:39; 26:52; Rom. 12:18-21 (que tratan de disposiciones cristianas en relaciones personales), es muy difícil mantener una línea consistente, ya sea en un talante pacifista, ya en un talante no-pacifista. Como dice Georgia Harkness [38]:

> "El dilema del cristiano no pacifista es cómo continuar amando a los enemigos de uno y de su nación, mientras buscan la manera de destruir su vida, su propiedad y su poder. El dilema del pacifista es cómo actuar para la estabilidad constructiva, mientras hay toda violencia y agresividad alrededor de él y sus compañeros creen que la única solución es la fuerza militar... Frente al dilema de la participación en la guerra, el cristiano tiene que decidir por medio de la oración ante Dios cuál será el curso de acción que tomará."

En cuanto a las iglesias, deben proclamar el mensaje de paz, educar para la paz y dar su apoyo a las organizaciones mundiales que luchan por la paz.

B') *La pena de muerte.* Este es otro problema que no puede menos de preocupar a los creyentes. No cabe duda de que la Revelación del Antiguo Testamento da legitimidad a la pena de muerte, primero por el delito de homicidio (Gén. 9:6), y después del Sinaí por una serie de causas, como puede verse especialmente en los caps. 21 y 22 del Exodo. Aun así, esta legislación era mucho más benigna que la de los países circunvecinos, pues las leyes de Hammurabi, por ejemplo, imponían la pena de muerte por causas de muy poca monta. Sin embargo, hoy no podemos basar nuestros criterios en estas

---

38. En **Christian Ethics** (New York, Abingdon Press, 1957, p. 202). Citado por J.E. Giles, **o. c.**, p. 216.

legislaciones ni en las legislaciones modernas de países oficialmente cristianos que han mantenido la pena de muerte hasta época bastante reciente o aún la mantienen.

Aunque es difícil ser dogmático en esta materia, nos atrevemos a decir que el espíritu del Nuevo Testamento es contrario a la pena de muerte. Jesús hizo énfasis en el amor a los enemigos y el perdón. El caso de la mujer sorprendida en adulterio es muy significativo (Jn. 8:3-11), a pesar de tratarse de algo penado con la muerte en la Ley. Jesús dio también por abolida la Ley del talión, imponiendo la Ley del amor a todos (Mt. 5:38-48). La "Regla de Oro" (Mt. 7:12) no deja lugar a la venganza. Rom. 12:17-21 nos da claramente la misma doctrina, resumida así en 13:10 *"El amor no hace mal al prójimo; así que el cumplimiento de la ley es el amor"*.

Además del claro espíritu del Nuevo Testamento, hay otras razones muy fuertes en contra de la pena de muerte:

(a) El único dueño de la vida es Dios; El es el único que puede bajar el telón de la escena de nuestra existencia terrenal. Quien mata a otro ser humano usurpa un poder divino. Por otra parte, el mensaje del Evangelio es redentor; y mientras Dios conserva a una persona en este mundo, es porque tiene esperanza en ella.

(b) La pena de muerte no soluciona ningún problema: no resarce el daño ocasionado por el malhechor; no disminuye el número de los crímenes, como lo demuestran las estadísticas de muchos países; estimula el espíritu de venganza, etc. Ya sabemos que cuando uno siente en su propia carne la pérdida de un familiar a manos de un asesino, es difícil reprimir esos sentimientos de venganza, pero lo que hay que preguntarse es si uno es verdadero cristiano.

(c) Pero, sobre todo, la pena de muerte significa que la sociedad se declara impotente para redimir de su condición a un criminal, y renuncia a rehabilitarle para una vida normal digna, por los medios pedagógicos que enseña la avanzada Psicología Moderna. Son muchos los factores que intervienen en la formación de una mentalidad criminal; ni la familia ni la sociedad pueden arrojar la primera piedra cuando se juzga a una persona a quien muchas veces el miedo, la marginación, la incomprensión, etc. han encaminado hacia la senda del crimen. Lo que nos hace falta es una disciplina penitenciaria que tome conciencia de la dignidad de la persona humana, por muy baja que ésta haya podido descender, del valor trascendente de la vida del hombre, y de unos métodos reeducativos acordes con los avances tecnológicos de la época en que vivimos.

¿Podemos dar un paso más y decir que la pena de muerte está prohibida en el Nuevo Testamento? Mucho nos agradaría poder afirmarlo, pero ya hemos dicho que no nos atrevemos a ser dogmáticos en esta materia. La razón es que Pablo, en Rom. 13:3-5, al hablar de los magistrados como *ministros de Dios* ("diákonos Theú"), dice: *"Pero si haces lo malo, teme; porque no en vano lleva la espada"* (vers. 4). Un exegeta tan ponderado y competente como J. Murray dice así en su comentario a Romanos 13:4:

> "La espada que el magistrado lleva, como el elemento más significativo de su equipo militar, no es meramente un signo de su autoridad, sino de su derecho a empuñarla para infligir la pena que compete infligir a la espada. No es necesario suponer que el empuñar la espada tenga como finalidad exclusiva infligir la pena de muerte; también puede empuñarse para inspirar el terror de la pena que la espada puede ejecutar, así como para imponer un castigo inferior a la muerte. Pero excluir el derecho a la pena de muerte cuando la naturaleza del crimen lo requiera, es totalmente contrario a lo que la espada significa y ejecuta. No necesitamos apelar a otra fuente que al Nuevo Testamento para confirmarlo. La espada está con tal frecuencia asociada a la muerte como instrumento de ejecución (*cf.* Mt. 26:52; Lc. 21:24; Hech. 12:2; 16:27; Heb. 11:34-37; Apoc. 13:10), que excluir su empleo para dicho fin

en el caso presente, sería tan arbitrario, que ostentaría en su faz un prejuicio contrario a la evidencia... Así que el magistrado es el vengador (de parte de Dios) al ejecutar el juicio que se merece el criminal por parte de la ira de Dios. De nuevo descubrimos la sanción que compete a la función del gobernante: es el agente de la ejecución de la ira de Dios. Y también vemos cuán divergente de la enseñanza bíblica es la sentimentalidad que procura salvar los intereses del ofensor en lugar de la santificación de la justicia como base de la retribución del crimen."[39]

¿Se acomodaba Pablo al espíritu jurídico de su tiempo? No me atrevo a afirmarlo ni a negarlo. En todo caso, si algún amigo conoce algún comentario que explique satisfactoriamente Rom. 13:4, sin legitimación alguna de la pena de muerte por parte del Apóstol, me quitará un peso de encima.

CUESTIONARIO:

1. ¿Cuáles son las acepciones de la palabra "mundo" y en qué sentido la tomamos aquí? — 2. ¿Qué significa para el creyente ser "sal de la tierra" y "luz del mundo"? — 3. ¿Qué principios teológicos deben informar una sana ética de compromiso? — 4. ¿Qué piensa de problemas de tan difícil solución como la legitimidad de empuñar las armas en un conflicto armado y la imposición de la pena capital?

---

39.   J. Murray, **Romans**, II, 152-153 (Traduzco del inglés).

BIBLIOGRAFIA

Los marcados con + son católicos)

+ J.L.L. Aranguren, *Etica* (Madrid, Revista de Occidente, 1968, 4.ª ed.).

+ J. y L. Bird, *El Matrimonio es para adultos* (Trad. de S. Gil, Santander, Sal Terrae, 1972).

H. Bürki, *El cristiano y el mundo* (Barcelona, EEE, 1971).

+ Ch. Curran, *¿Principios absolutos en Teología Moral?* (Trad. de J.M. Ruiz, Santander, Sal Terrae, 1970).

D. Daiches Raphael, *Darwinismo y ética,* en *La Evolución un siglo después de Darwin* (Trad, de F. Cordón, Madrid, Alianza Editorial, 1971, 3.ª ed.), pp. 209-239.

L. Dewar, *An Outline of New Testament Ethics* (London, University of London Press — Hodder and Stoughton, 1949).

+ F. Díaz-Plaja, *El español y los siete pecados capitales* (Madrid, Alianza Editorial, 1970, 9.ª ed.).

A.C. Ewing, *Ethics* (London, The English Universities Press, 1962).

J.E. Giles, *Bases bíblicas de la Etica* (Casa Bautista de Publicaciones, 1969).

J. Grau, *El Amor y la Verdad* (Barcelona, EEE, 1973).

" " *Testimoniatge evangèlic* (Barcelona, Literatura Cristiana Evangélica, 1968).

228   FRANCISCO LACUEVA

+ F. Gutiérrez, *30.000 niños españoles acusan* (Madrid, PPC, 1973).

M. Gutiérrez Marín, *Fe y Acción. Etica cristiana existencial* (Madrid, Editorial Irmayol, 1965).

+ H. Jone, *Moral Theology* (transl. by U. Adelman from German, Westminster —Maryland—, 1963). Hay edición castellana.

E.F. Kevan, *Going on. What a Christian believes and what he should do* (London, Marshall, Morgan and Scott, 1964).

— *La Ley y el Evangelio* (Trad. e Introd. general de J. Grau, Barcelona, EEE, 1967).

A.C. Knudson, *Etica Cristiana* (Trad. de J.L. Groves, México, Casa Unida de Publicaciones, sin fecha).

M. Ladell, *The First Five Years* (London, The Psychologist Magazine, 1966).

W. Lillie, *The Law of Christ* (London, Hodder and Stoughton, 1956).

D.M. Lloyd-Jones, *Faith on Trial. Studies in Psalm 73* (London, IVF, 1965).

"   "   "   "   *Spiritual Depresion. Its causes and Cure* (London, Pickering and Inglis, 1967).

J. Mackenzie, *A Manual of Ethics* (London, University Tutorial Press, 1904).

L.H. Marshall,*The Challenge of New Testament Ethics* (London, MacMillan and Co., 1950).

+ F. Martínez García, *La Revisión de Vida* (Barcelona, Herder, 1973).

J.M. Martínez y J. Grau, *Iglesia, Sociedad y Etica cristiana* (Barcelona, EEE, 1971).

S.I. McMillen, *Ninguna Enfermedad* (Trad. y publ. por la Casa Editorial de la Iglesia Wesleyana de Medellín 1969).

W. Melville Capper and H. Morgan Williams, *Towards Christian Marriage* (London, IVF, 1961).

H.C.G. Moule, *Thoughts on Union with Christ* (London, Seeley and Co., 1904).

+ E. Mounier, *Manifiesto al servicio del personalismo* (Trad. de J.D. González Campos, Madrid, Taurus Ediciones, 1972).

J. Murray, *Principles of Conduct* (London, The Tyndale Press, 1957).

P.H. Nowell-Smith, *Ethics* (Harmondsworth, Penguin Books, 1961).

L. Palau, *Sexo y juventud* (San José de Costa Rica, Editorial Caribe, 1974).

E. Price, *A Woman's Choice. Living through your problems* (Grand Rapids, Zondervan Publishing House, 1962).

A. Redpath, *The Bible Speaks to our times* (London, Oliphants, 1965).

J.C. Ryle, *Home Truths* (London, W. Hunt and Co., sin fecha).

L. Samuel, *Vital Questions* (London, Victory Press, 1969).

A. Scott, *New Testament Ethics* (Cambridge, The University Press, 1934).

F.A. Schaeffer, *La Iglesia al final del siglo XX* (Trad. de S. García, Barcelona, EEE, 1973).

— *Los caminos de la juventud hoy* (Barcelona, EEE, 1972).

— *Muerte en la ciudad* (Trad. de J. Grau, Barcelona, EEE, 1973).

— *The Church before the Watching World* (London, IVF, 1972).

G. Spring, *Los rasgos distintivos del verdadero cristiano* (Trad. de F. Lacueva, Barcelona, EEE, 1971).

R.V.G. Tasker, *La Ira de Dios* (Trad. de J. Grau, Barcelona, EEE, 1971).

Varios, *"Holiness unto the Lord"*. Conference of Brethren at Swanwick (Rushden, Stanley L. Hunt, 1957).

Varios, *La nostra vocació* (Barcelona, EEE, 1967).

Varios, *Press toward the mark* (London, Morcot Press, 1962).

Varios, *Sexo y Biblia* (Barcelona, EEE, 1973). Hay edición en catalán.

+   M. Vidal, *Moral de actitudes. Moral fundamental personalista* (Madrid, PS Ediciones, 1974).

M.S. Wood, *A Christian Girl's Problems* (London, Marshall, Morgan and Scott, 1948).

ETICA CRISTIANA

ESTIMADO LECTOR:

La DIRECCION de la Editorial CLIE, agradece sinceramente el que usted haya adquirido este libro, deseando que sea de su entera satisfacción.

Si desea recibir mas información remítanos este volante con su nombre y dirección y le enviaremos gratuitamente nuestro Boletín de Novedades.

Cualquiera observación que desee hacernos puede escribirla al dorso.

Desprenda esta hoja tirando hacia afuera y de arriba a abajo y envíela a su Librería o a:

EDITORIAL CLIE
Galvani, 113
08224 TERRASSA (Barcelona) España

Nombre: _____

Calle: _____

Ciudad: _____

Estado: _____

Edad: _____ Profesión: _____ Fecha: _____

Nota:
Este libro ha sido adquirido en:

OBSERVACIONES:

Printed in the USA
CPSIA information can be obtained
at www.ICGtesting.com
JSHW010706170524
63284JS00006B/24